LIVE FIRST

24 RULES TO IMPROVE THE SUCCESS RATE OF ENTREPRENEURSHIP

活下去先

提高创业成功率的24条法则

兰远华 ◎著

電子工業出版社
Publishing House of Electronics Industry
北京 · BEIJING

图书在版编目（CIP）数据
活下去先：提高创业成功率的24条法则 / 兰远华著. -- 北京：电子工业出版社，2018.10
ISBN 978-7-121-35008-5

Ⅰ.①活… Ⅱ.①兰… Ⅲ.①创业 – 通俗读物 Ⅳ.①F241.4-49

中国版本图书馆CIP数据核字(2018)第207741号

出版统筹：刘声峰
策划编辑：刘　晓
责任编辑：刘　晓
印　　刷：三河市鑫金马印装有限公司
装　　订：三河市鑫金马印装有限公司
出版发行：电子工业出版社
　　　　　北京市海淀区万寿路173信箱　邮编：100036
开　　本：720×1000　1/16　印张：16.5　　字数：215千字
版　　次：2018年10月第1版
印　　次：2018年11月第2次印刷
定　　价：55.00元

凡所购买电子工业出版社图书有缺损问题，请向购买书店调换。若书店售缺，请与本社发行部联系，联系及邮购电话：（010）88254888，88258888。

质量投诉请发邮件至zlts@phei.com.cn，盗版侵权举报请发邮件至dbqq@phei.com.cn。

本书咨询联系方式：QQ 307188243。

目录
/ CONTENTS /

前言

/ PREFACE /

问题总是出现在意想不到的地方

绝大多数人都知道著名的墨菲定律：如果事情有变坏的可能，不管这种可能性有多小，它总会发生。它还演绎出很多结论，如：任何事都没有表面看起来那么简单；所有事实际要花费的时间都会比你预计的长；会出错的事总会出错；如果你担心某种情况发生，那么它就更有可能发生。

创业过程也适用这个定律。我写这本书，就是希望对这些年来我自己亲身经历的或者看到的、听到的创业故事做一个总结归纳，让已经或者准备创业的人们，在创业的路上能避开我们曾经遇到过的很多坑。这本书以一个创业者的视角，从小企业的角度，讲述创业路上可能会碰到的各种问题和困难。有很多问题和困难是创业者在踏上这条路之前，根本不会想到的。这本书就是告诉这些创业者，哪些事需要未雨绸缪，哪些事需要提高警惕，更重要的是希望他们明白，作为一个创业型企业的管理者，其思维方式和做事方式与一个普通人应该有哪些不同。

本书面向的读者主要是处于创业初始阶段的创业者。如果能通过这本书，让一些创业者的创业之路更加顺畅，我将感到非常荣幸。

创业的过程就是一个不断解决问题的过程。

有的问题是结构性的，可能是由一开始的某一个错误决定导致的；有的问题是突发性的，可能突然之间就出现了；有的问题是隐蔽性的，企业未发展到那个阶段是不容易被发现的……

每个人的创业之路都不相同，千万人有千万条创业之路，每个人的经历不一样、条件不一样，所以碰到的问题也会不一样。如果你在创业成功之后，再回过头来看这本书，发现这本书上的很多问题并没有遇到，那么恭喜，你是一个幸运儿。

所以，不是每个人都会碰到这本书中所说的每一种情况，这本书也并不是一本创业圣经，没有羊皮卷的魔力。它只是一个攻略手册，提醒你“可能”会遇到某些问题，但并不是“一定”会遇到。本书只是尽可能总结了这些问题，让你在上路之前或者上路后不久，就对创业这条神奇之路有一个大概的了解，哪里有坑，哪里有弯道，做到了然于心。所以，你读这本书时，不要依葫芦画瓢，更不要被里面的文字吓到。

创业的关键是什么？是行动！

只要行动起来，没有解决不了的问题。记住：“用发展解决发展中的问题。”这是创业成功的重要法则！所谓出路，就是走出去才会有路。人之所以能，是因为相信自己能。虽然说机会面前人人平等，但机会并不平均分配。人生最大的遗憾不是过错，而是错过，有的机会一旦错过，便再也不可能出现。请把握机会，立刻行动！

墨菲定律看似有种宿命论和悲观主义的色彩：任何事情都有出错的可能性，既然它一定会出错，似乎我们只能坐等悲剧的发生。但实际上，它并不是让我们坐以待毙，也并不说明我们对风险无能为力，而是要提醒我们：一定要以一种正确的心态来面对未来可能发生的风险，即重视小概率事件，做好各种应对策略，以积极心态面对，在失败中前进提高。

本书中所说的创业路上的很多问题，对于每一个不同的创业者来说，都可能是小概率事件。但在某一种特定的情况下，又很可能是大概率事件。有时候我们会争论是“知难行易”，还是“知易行难”，其实这两种情况是辩证的关系，对于初次创业者来说，“知”总比“不知”好。不知道的时候知难行易，知道了之后知易行难，本书就是希望创业者多知道、多了解并且重视小概率事件，未雨绸缪，进而避免盲目行动。

决策能力是很多创业者必须强化提升的一种重要能力。

提升决策能力的一大障碍就是经验与经历。因为见多识广，方能了然于心。所以本书对于很多创业者来说，不仅是攻略，也是一种经验和经历的传递。也许本书所说的某些情况，你永远不会遇到，但是，多开阔一下思路，对于决策能力的提升也是有帮助的。他山之石，可以攻玉。如果，在某一种情形下，本书所描述的情况正好与你当下的境遇有些相似，那么书中相关的内容就有可能起到抛砖引玉的作用。如果本书对创业者能有所启发，那也算是物尽其用了。

在任何情况下，创业者都必须有积极的心态。每一个创业者都一定是有激情的，再加上大量的知识储备，就会起到事半功倍的作用。磨刀不误砍柴工，这本书就是一个“小小的磨刀石”，在传递经验的同时，激励创业者的积极心态，让创业者少走弯路，掌握更多的技巧和手段，把激情转化成更高效的行动力，更快达到目标。

经验影响着一个人的社会适应能力，丰富的经验可以帮助个人在面对社会生活及各种社会实践活动中遇到的问题时，做出更及时正确的决策。社会经验部分决定着一个人的人生高度，对其成长起到推动作用。本书所讲述的部分内容，就是帮助创业者尽量避免一些不必要的错误，让创业者不仅从自己的经历更从别人的经历中获取营养，更快速地成长。

本书不是一本心灵鸡汤类的著作，而是一本实操手册，所以不要指望从本书中获得心理的慰藉，反而要做好心理准备，因为有的章节所讲的事实可能比较“残酷”。

本书也不是一本创业的教科书，并不讲述创业的基本知识。作为一个创业者，在踏上创业之路前，进行必要的知识储备是非常必要的。比如自己多了解和学习《公司法》《劳动法》《合同法》《知识产权法》，以及相应的税务知识、会计知识等。

在多次创业者、成功创业者面前，本书是班门弄斧之作。当然，本书也不适合那些在创业伊始就可以拿到数百万、数千万美元投资的天才级创业人物。

本书的读者群主要是小企业创业者、初次创业者、年轻创业者。书中的创业故事既有新兴行业的，也有传统行业的，我尽量让自己介绍的内容有比较普遍的借鉴意义和参考价值。

第1章

布局

第一节>>>

凭什么开始创业

一万个创业者，有一万种开头。

我的朋友小A，曾是一个世界500强公司的中层管理人员，认识了一个做工程建设的企业家。面对如火如荼发展的互联网产业，他主动辞职，与这位企业家合伙，由其投资500万元，他占10%的股份并担任总经理走上创业之路。

我的朋友小B，27岁的时候在一家私营公司担任副总经理，考虑到自己已经具备了一定的经营能力，在认识了一个具有较多人脉资源的朋友之后，他从原公司辞职，与这个朋友共同投资100万元，各占50%的股份，开始自主创业。

我的朋友小C，大学毕业后，自主开发了一套针对中小企业的销售管理软件，靠家人、朋友投资，凑足了50万元，自己占70%的股份，开始创业。

我的朋友小D，原本是一位技术牛人，在美国观摩SEC国际消费电子产品展会时发现了一款基于互联网和物联网技术的智能玩具，他觉得这类产品在国内尚属空白，并且具有很大的市场空间。于是和美国的两位同学共同投资150万元，各占三分之一的股份，走上创业之路。

我的朋友小E，原本是世界500强外资企业的区域销售总监，32岁时创立了一家公司，通过自己的人脉关系和资源整合能力，拿到了某个外资品牌工业设备的区域代理权，开始自主创业。

诸如此类的创业故事还有很多。上面的这些创业者，有的初生牛犊不怕虎，有的具备丰富的管理经验，有的甚至具备得天独厚的条件……在各种因缘际会之下，分别以不同的方式走上了创业之路。

创业是一种生活方式，而且是最绚丽和最精彩的生活方式。

创业是创造历史的原动力。有志改变世界的人、想创造历史的人，都应该尝试去创业。

创业可以拓展我们生命的广度和深度。我们生命的长度是有限的，但是创业可以让我们的人生更精彩。

创业的门槛可以很低，因为它无关学历、无关性别、无关年龄……

创业的门槛也可以很高，因为它关乎能力、关乎心态、关乎动机……

开始创业很容易，但是想要创业成功却并不容易。创业者要具备怎样的条件才适合开始创业呢？我觉得至少要做好以下四个方面的准备。

一、做好能力上的准备

所有的创业者都应该记住这句话：“无论在哪个行业、哪个时间、哪个地点，创业的本质就是经营一家公司。”一家公司要存活、要发展、要壮大，无论是要追求利润，还是要扩大规模，或者是要树立品牌，本质上都是要把公司经营好，尤其是刚开始起步的公司，在没有成熟的产品、稳定的客户、稳健的现金流的情况下，要存活、发展、壮大，会面临更多的困难。要知道，即便是风口上的猪，如果迎风的角度不对，也是会被吹翻而不会“飞上天”的。

通常情况下，经营一家公司，至少要关注以下五个方面：产品、研发（或者供应链）、销售、财务和人力资源。

1. 产品

任何公司存在的理由，都应该是能创造社会价值。公司创造社会价值的最直接方式就是提供某一种（或几种）产品。这种产品要么满足某种需求，要么提高社会效率。创业者在踏上创业之路前，首先要考虑的问题就是：自己能否提供一种产品，让客户愿意使用并付钱？接下来要考虑的第二个问题是：这个产品与市场上同类产品相比具备什么样的竞争优势？

2. 研发（供应链）

公司永远都是面临竞争的，而且这种竞争是不以人的意志为转移的。一个公司要活下来，就必须具备面对竞争的能力。

公司研发出新产品的能力很重要，而不断改进这个产品的能力更重要。因为市场是变化的，客户的需求也是变化的，而且会越来越苛刻。尤其是创业者所提供的产品是新的，必然存在很多需要改进和优化的地方。在现在这个日新月异的社会，“一招鲜，吃遍天”的可能性很小。

如果产品是一个软件系统，功能的强化、交互的优化、解决用户痛点的深化等方面不仅涉及研发能力，还涉及对用户需求、产品发展方向的把握能力。

如果产品是一个有形的物品，还要涉及供应链问题，包括确定合适的上游供应商、降低生产成本、提高成品率、优化生产工艺等。

如果产品是某一种服务，那么完善、优化这种服务的标准流程、支撑系统、人员培训等，都需要持续不断地投入人力资源和资金成本。

3. 销售

销售永远是一个公司的核心。无论创业者在哪个行业，无论公司发展到哪个阶段，让更多的用户使用自己的产品永远是最重要的工作。

网上有很多文章在讲那些新兴行业巨头神奇的创业故事。年轻的创业者一定要相信，他们的成功绝不仅仅是靠运气和机遇的。相对于这些大佬的机遇、眼光以及如有神助般的创新能力，创业者更应该关注他们起步时在销售上所做的各种努力，那一定是一条浸满了汗和泪的道路，是他们成功最重要的基石，也是他们讲得最少的故事。只有读懂了他们的这些故事，才能真正理解他们为什么会成功。

4. 财务

现金流永远是公司的血液。任何公司都必须关注现金流，即便是初创公司，也要考虑至少半年以上的现金流，必须有合理的资金滚动计划，并且坚定不移地按照这个计划管理公司的收与支。那些一开始就能获得天文数字投资的创业天才，也必须把现金流量表放在管理工作的第一位。

创业者对于公司的财务计划负有重要的责任。这是创业者对公司负责、对自己负责最基本的要求，也是最基本的职业素养。生活不止眼前的苟且，还有诗和远方。经营公司也是如此，现金流的管理决定了公司的创始人能不能到达远方。

5. 人力资源

人力资源是一个企业发展壮大最核心的资源之一。管理学大师彼得·德鲁克说过："公司只有一项真正的资源：人。管理就是充分开发人力资源以做好工作。"

人力资源的管理，既需要一定的专业知识和技能，也需要一定的社会阅历和经验。不同的创业者在这方面的思维方式和处理方式必然是各不相同的。但不管怎样，任何人，只要想创业，就必须学会管人、用人、培养人。

与人打交道本就是一门玄妙的学问。创业者作为一个团队的领头人，要整合来自五湖四海、各种家庭背景和教育背景的员工，更需要一些技巧。公司人力资源的管理与开发，最重要的是对公司员工综合素质的培养，例如适应环境、敬业态度、道德品质、专业能力、学习能力、沟通能力、反应能力、进步意愿以及团队合作精神等。谁都可以做孤胆英雄，唯独创业者不行。

以上五个方面是创业者开始创业的时候必须重点关注的。除此之外，创业者还需要有竞争分析、风险控制等能力。对于这些能力，创业者不一定要非常精通，但至少要有所了解，要掌握一些基本的概念和方法，刚开始掌握得不够多也没有关系，实践是最好的老师，在之后的创业过程中，自然就会越来越专业。

二、做好心理上的准备

1. 要有正确的动机

创业是非常难的事，它的成功是小概率事件，它的过程也会充满了挫折和苦难，睡不着觉、到处求人是常态。创业者的创业动机决定了他能不能接受这样的生活方式，能不能承受这样的困苦和折磨。

创业者应该是为梦想创业的。这个梦想可以是：抑制不住做出一个产品的念头、想把一个特别的想法介绍给他人、沉迷创业这种充满挑战性的生活方式……无论是哪种，如果决定创业，那么一定要想清楚目的，而且目的要正确。如果是因为找不到工作就去创业，那就不要去冒险了，创业比就业还要辛苦百万倍。只有为了梦想创业的人，在遇到困难和挫折的时候才会迎难而上、享受过程，才不会被困难和挫折打倒。

2. 要有强烈的欲望

创业者与普通人的不同之处在于，他们的欲望往往超出他们的现实，需要突破他们现在的立足点。因为心中的欲望凭自己现在的状况得不到，所以要去创业，要靠创业去改变现状、整合资源、积累财富。

强烈的欲望往往伴随着行动力和牺牲精神，欲望是创业的最大推动力，是创业者能够披荆斩棘的力量源泉。

3. 要有超人的决心和胆量

卧薪尝胆，三千越甲可吞吴；破釜沉舟，百二秦关终属楚。

创业者要有卧薪尝胆的决心和破釜沉舟的胆量。

只有有过创业经历的人才会清楚，在创业的路上要付出怎样的代价和努力，要忍受多少憋闷、痛苦甚至是屈辱。但是，要获得多大的成功就要付出多大的代价！对一般人来说，忍耐是一种美德，对创业者来说，忍耐是必须具备的品格。如果有心自己创业，一定要在心里问一问自己：有多大的决心面对从肉体到精神的折磨？有没有一种宠辱不惊的精神力量支撑自己？

创业本身就是一项冒险活动，需要强大的心理承受能力。创业者要有胆量，要敢于冒险，要赢得起也输得起。冒险精神是创业家精神的一个重要组成部分。但创业毕竟不是赌博，要区分清楚什么是勇敢，什么是无知，无知的冒进就毫无意义。

创业需要综合素质，但我觉得以上三点是最基本的，更多的内容我会在后面的章节详细地阐述。

三、做好创业的计划

如果决定开始创业，则一定要先做好创业的计划书。做计划书一定要注意到以下几点。

1. 结合自己的创业方向，把产品、研发（供应链）、销售、现金流、人力资源这五个方面的操作细节想清楚，并落到文字上，形成完整的创业计划。做好计划，再开始行动。激情很重要，但稳步的推进、避免盲目的冲动更重要。这里所说的创业计划不是指给投资人看的《商业计划书》，而是根据自己的实际情况列出的各项操作计划，不一定需要多么漂亮，但一定要实事求是，并且要尽量考虑周全。

2.计划要有一定的前瞻性，要明白并接受“计划永远赶不上变化”这一规律。有了创业计划书，创业者还要根据不断出现的新情况调整自己的计划。这种调整，和下棋一样，走一步要看三步，而每走完一步，又可能会出现新的变化。所以创业会很累，减少娱乐和休息的时间吧，如果不能全情投入，就干脆不要开始！

3.计划要有一定的灵活性和冗余度。这个世界没有什么是永恒的，唯有变化永恒。为了适应各种变化，计划必须有一定的冗余度，尤其是最重要的两个资源：资金和时间。资金和时间是最不讲情面的两样东西，为了不让它们在某个时候为难你，你一定要留有后备的力量。很多人所说的“创业需要Show hand”是指把人的精力全情投入，而不是把时间和资金一次性用光。

四、找到正确的方法

世上任何事物都有基本的发展规律，做好一件事情也有相对应的正确方法，创业也是一样的。

我们经常看到各种励志的创业故事，这些故事大多数是讲成功的那一面的。我们对别人的成功似乎很熟悉，但对结合自己的情况该如何借鉴，就不甚了解了。因为天时、地利、人和三个条件都不同，完全参照是没有意义的。

对创业者来说，汲取别人的经验和教训，比看别人成功的故事更有价值。沃伦·巴菲特有一条投资圣经：不需要做很多正确的事，只要少做错误的事。

开头我以五个朋友的创业故事为例，讲述了不同的人是如何走上创业之路的。我也说了，一万个创业者，会有一万种开头。但一万个创业者只会有两个结果：成功或失败。这五个人中：

小A的公司投入大量资源，开发了一款本地新闻类APP，并且与本地民生服务相结合，同时还有本地新闻的采集功能。但经过一段时间的推广，APP的安装量始终无法突破瓶颈，也就无法带来商业价值，只好停止运营。

小B 创业的方向是劳动密集型行业，公司有大量的员工要进行管理。在日常的管理过程中，有时候过于随性，有时候又过于刻板，导致核心员工不断流失，服务质量不稳定，老客户续约意愿不强，新客户发展又很困难。当市场竞争变得激烈的时候，公司的业务量不断萎缩，最终只能停业。

小C 的产品在2011年推出的时候，市场上的竞争性产品不多，但后来竞争巨头出现了，而他无法跟上变化，也缺少足够的资源让产品变得更强大，从而导致产品失去了竞争力，并最终退出市场。

而小D 因为产品需要的某一个传感器在国内找不到合格的供应商，产品质量始终不稳定，无法量产，从而导致研发周期过长，加上融资不顺利，最后资金链断裂。

小E 的产品销售不错，但是回款却是大问题，有的应收账款甚至需要花一到两年时间才能收回。随着资金的缺口越来越大，新的客户不敢拓展，旧的客户不能持续供货，只好将公司停业。他现在的主要工作已经变成催客户回款了。

理想很丰满，现实很骨感。上面的创业者在开始创业之后，最短一年，最长三年，全部都归于失败。他们为什么会失败？不是他们不够聪明，也不是他们不够勤奋，而是因为创业路上的风险太多。

要创业，光有激情，是不够的；光有资源，是不够的；光有人脉，是不够的；光有创意，也是不够的……创业还需要找到正确的方法。

本书后面的内容将从这些方面以及更多的案例出发，指出创业中可能出现的种种问题。本书写作的目的，是希望通过一些案例阐述最基本的规律，分享独特的技巧和方法，尽量让创业者避免错误，从而更快地成功。所以仔细阅读本书也是找到正确方法的途径之一。善于汲取他人的教训，尽量少犯错误，才能成为一个成功的创业者。

第二节>>>

选择合伙人

一万个人创业会有一万个故事，但每个故事里都少不了合伙人这个角色。对于那些刚刚上路的创业者来说，心中有宏伟的计划等着实现，前方的道路又充满了无数的机会和风险，没有什么比拥有一个或几个靠谱的合伙人更重要的了。

在我看来，创业合伙人按照所起的作用至少可以分为两类：一类是具有一定专长并在创业中起到重要作用的创业伙伴；一类是负责提供公司发展过程中必要资金的财务投资人。这一节的内容，我们主要讲第一类合伙人。而第一类合伙人又可以分为两种：一种是在公司的初始阶段就加入的创业伙伴；一种是公司发展到一定规模的时候进入公司的高级别人物。因为本书是面向处于初始阶段的小公司创始人的，所以这一节的内容我们只讲第一种。

创业者和合伙人合作的过程，就像和恋人谈恋爱的过程一样，从最初的春心萌动到后面的柴米油盐，中间不知道会出现多少不可预知的化学反应。而不同的是，谈恋爱是以情感交互为维系纽带的，而创业是以共同的利益为维系纽带的，这意味着这种关系将面临更加复杂而严峻的考验。

在各种网络媒体上，关于合伙人的文章很多，用“合伙人‘合’的是格局”“合伙人的最高境界”“合伙人天规”等关键词或句子去网上搜一搜，能搜出数以百万计的内容。网上的很多文章，妙笔生花、行云流水，或让人暖心，或让人感悟，或让人斗志昂扬，建议创业者去看看这些文章。

而我仅根据实践经验，提几条个人觉得很重要的建议。这些建议仅仅来自我的实践，不能面面俱到，何况万事总有例外，所以请不要求全责备！

一、合伙人必须能和你一起全职投入创业工作

创业者在创业的起步阶段，通常会和哪些人成为创业合伙人呢？一般是同事、同乡、同学、朋友等相互了解比较深且彼此的信任感比较强、价值观比较相似、具有共同的理想和目标的一个或几个人。在创业伊始就和不太熟悉的人合作的创业者比较少，这也是我们中国这个人情社会的一个特色。但是，在创业这件事情上，以人情为基础的合作方式，往往又会给创业之路埋下祸根。

创业者在确定合伙人时，无论人情这一因素所占的比例有多大，请记住一点：尽量选择能和你一起全职投入工作的人一起创业。

我碰到很多年轻人，在思考创业的时候，因为自身的各种原因，或者更直接地说是因为某种不足，会去找一个自己眼中对自身创业很有帮助或者在某方面能发挥作用的人，说：“我们一起创业吧，你只要负责某某方面就行，不耽误你自己的正事。”天呀，小伙伴们，这样是不行的，这不是创业，这是投机！你是在投机他某一方面的资源，同时也给了他投机你梦想的机会。我有一

群朋友就经历了一次这样的创业历程。

他们总共有7个人，之间不是同学就是同乡，甚至很多是发小。他们从事着不同的职业，有的在IT行业，有的在医疗设备行业，有的是中学老师，有的是公务员。其中，小F从水利设计行业的一家企业辞职之后，参与了两个水利工程的投资和建设，并幸运地赚到了不多不少的第一桶金。恰好在当时，县域水利工程建设列入了国家重点建设投资目录。基于小F自立门户的愿望，基于另外六个朋友对他初次创业成功的羡慕，也基于国家政策倾斜所带来的投资热情和由此而产生的对未来的美好憧憬，小F和他们创立了一家专门从事水利工程服务的公司。

这家公司运营一年之后，就出现了问题：公司所签订的两个项目，全部无法按进度完工和交付。

我在此无意评价小F的工作能力，但是他在面对朋友的责怪时，所说的理由是每一个创业者都需要思考的，他的理由是："你们全都有固定的工作，公司的事情从不参与，你们有什么资格责怪我？"

听完这个故事，每一个创业者要思考的是：

如果你是小F，会有怎样的苦恼？

如果你是小F，在面对同伴的责问时，会不会产生同样的想法？

创业的过程是一个充满未知和变化的过程，需要创业者全情投入，需要不断地去解决各种问题，尤其是在公司的起步阶段，涉及资金、管理、人员、项目的各种事情，烦琐复杂，如果此时，你的合伙人却在另一个工作岗位上从事他原来的职业，并悠然地享受生活，那么你们这样的创业团队能凝聚前进的动力吗？这样的创业团队能抵御创业过程中的各种风险吗？

创业就是做生意，生意场上有句话叫“交情归交情，生意归生意”。小F和他的朋友们多年的感情是基于共同的成长过程的，但是感情终究无法承载创业过程中的沉重负担。创业是需要大家一起冲锋陷阵的，而不能仅仅依靠相互的信任。在这一点上，小F和他的朋友们都是有问题的，起步就埋下了祸根。

反过来想想，在这件事的开头，小F和他的朋友们的初衷，有没有相互投机的成分呢？

二、合伙人对各自家庭的财务状况要有合理的安排

创业是一场异常艰苦的修行，并且最后不是一定能成功的。创业者及其合伙人都必须认清这一点，并且要接受这一点。我建议，在开始创业之前，创业者及其合伙人都必须对自己家庭在未来一段时间内的财务状况做一下预估，并且做好妥善的安排。创业当然需要破釜沉舟的勇气，但只有做好最坏的打算，才是对自己负责。

比如一个刚出校门的学生，恰好有一笔不小的助学贷款要还；

比如一个有女朋友的年轻人，恰好碰到秉持“无房不婚”观点的丈母娘；

比如一个已婚的白领，恰好有一个在教育上需要持续投入的小孩；

……

在创业之前，一定要考虑清楚，这些压力和负担在创业的过程中要怎么解决。

如果刚出校门的学生，能够先通过一份工作还清贷款；

如果有女朋友的年轻人，能够说服丈母娘接受更遥远但更美好的未来；

如果有小孩的白领，能够通过压缩家庭开支的办法保证小孩的教育投入；

……

创业当然是行得通的。

创业者在选择自己的合伙人的时候，除了梦想和价值观之外，不可忽略合伙人的家庭因素，创业不仅需要激情，更需要理智。家庭财务状况是最可能出现意外事件的地方，创业者开始创业以及在寻找合伙人时，都要将其作为一个重要的因素考量。一个家庭有了妥善安排的财务计划，就可以增强其承受波折的能力。

小H，有某一行业的多年行销经验。创业的时候，他开发了一款很有潜力的产品，不仅拿到了天使投资，而且获得了较高的市场认可度，也打造了一支比较有战斗力的销售团队。这个产品的总研发负责人是一个他认识多年的年轻人，能吃苦，也很能干，一直是产品的核心技术人员，在公司担任CTO的职务，并且作为创业合伙人占有公司20%的股份。鉴于小H对技术处于知其一不知其二的水平，核心的研发和生产工作都由这个年轻人负责。

在产品将要大规模生产、大面积推向市场的时候，这个年轻人突然跟他说，因为当前的收入不能满足他生活的需要，所以要求辞职，并要求公司回购其股份。小H对此觉得难以置信，认为这个年轻的合伙人说的不是实话，也许另有隐情。因为在公司发展已经走上正轨的情况下，这样的决定是不理智的，至少算是捡了芝麻丢了西瓜。

可是，他通过侧面打听，发现这个年轻的合伙人说的是真的。这个年轻人结婚早，有两个小孩，妻子是典型的白富美，家境好，在家做全职太太，养成了花钱没有节制的习惯，每月光化妆品的费用就超过五位数，再加上两个小孩高昂的教育和抚养费用，他的收入增长速度确实赶不上家庭花销增长的速度。

而且由于他自身的家境与妻子的家境存在较大差距，所以家里的事情大多由妻子说了算。

现在，经常会出现一个社会议题：一个人到底能够在多大程度上摆脱原生家庭对其的影响？这个年轻人的苦恼，是他和他的妻子的两个原生家庭以及他们自己的家庭交互作用产生的结果。小H既不能改变这个年轻人的性格，也不能介入他的家庭问题，当然更不能逾越公司的薪酬制度去满足这样的家庭消费。这个问题显然已经超出了小H力所能及的范围。如果你是小H，你会怎么处理这件事呢？

我还见过另外一些情况：因为要回家乡结婚定居，合伙人选择退出创业；因为女朋友想换个城市体验生活，合伙人选择重新找工作……当然，还有一种更普遍的情况，团队创业过程中碰到资金困难，不得不降低团队成员的薪酬以渡过难关。很多人在创业之初，会把事情想得过于美好，以至于问题出现后，完全没有心理准备。当问题真正出现的时候，创业者不仅要面对公司的压力，还要承受来自家庭的压力，有时候真是“一分钱难倒英雄汉”。于是各种现象就出现了：离队的、兼职的、说怪话的……在这个时候，梦想没有了，激情不见了，当初的豪迈也消失了，彼此的信任也减弱了，甚至还有不少人翻旧账找问题来证明自己不应该受到这样的待遇。

所以说，创业者在选择自己的合伙人时，不仅要考虑这个伙伴是不是真的能和你同甘共苦、休戚与共，更重要的是还要考量他的财务状况能不能经受这样的波折。如果能，就和他坦诚沟通，把可能出现的困难说在前面，达成共识，做好心理准备；如果不能，就需要你自己心里有数，不要让别人陷入为难的境地，提前做好预案，多准备一笔备用的资金。如果对方不能承受这种波折，而你也无法做出妥善的安排，那就慎重考虑合作的可能性。

从另一方面来说，创业者在刚开始选择合伙人时，不仅要描绘美好的未来， 更要说明可能面临的困境。这既是对自己负责，也是对别人负责。如果你都不敢把可能会出现的困难和危机拿出来讨论，那怎么判定一个人是否够资格成为你的合伙人呢?

三、能力与梦想匹配

在很多媒体上，我们经常会看到一些“神奇”的创业故事，比如谁和谁一见如故，一杯茶的工夫就谈定合作细节，舍弃之前的所有，开始波澜壮阔的创业之旅，最后成就一番事业，同时他们之间的故事也被广为传颂，成为后来者的楷模。

这样的事，有，但不常见。创业者千万不可把特例当惯例，天时、地利、人和三个条件都不同，别人的成功不可复制。

大多数创业者选择的合伙人，都是自己熟悉的人。可能经常会出现这样的场景：当你很有兴趣地和某一个你心仪的对象畅谈你的创业计划时，这个人表现出了极大的兴趣，并表示愿意追随你，与你共闯天下，成就大业。仿佛只要两人联手，天下唾手可得。此时，请你先打住，心中默念一句话：意愿和能力是两回事!

每个人在这个世界上都有三个“我”：别人眼中的“我”，自己眼中的“我”，真实的“我”。通常情况下，自己眼中的“我”是最高大的，即便你此刻对自己说：我觉得自己眼中的“我”是最渺小的，那你也可能高估了自己的谦虚。

所以，很多人在表现出对某件事情不寻常的热情时，可能只是说明他对做这件事有强烈的意愿，但并不表示他有做好这件事情的能力。而作为创业者的你，需要慎重考虑的是他有没有这个能力，而不是被他强烈的意愿所迷惑。

所以找合伙人，一定要找能力配得上梦想的人。

首先，他的能力能够和你形成互补，能够补齐你的短板。创业者在开始的起步阶段，重点是要解决某一个或者两个核心问题，为公司的发展打下基础。所以创业者刚开始的时候，独自上路的也不少。既然要找合伙人，那这个人就一定是在这个阶段不可或缺的人，除了能力和你互补的人，其他的人都可以先缓一缓。

其次，他的能力现在就可以发挥作用。既然是找合伙人，那就不需要你再培养，而是当下就能发挥作用和产生价值。在这一点上，创业者要注意一个误区，就是对能力的界定。结合上面的一点，由于创业者找的是能力与自己互补的人，所以可能对这项能力的具体要求并不清楚，可能会出现主观认识与实际需要的偏差。比如，你实际需要一个IT系统架构工程师，却误认为一个做网站后台的工程师也能胜任；再比如，你需要的是一个面向企业用户的业务销售总监，却以为一个有快销品销售经验的区域经理也能凑合。事实上，二者完全不是一回事。面对自己不了解的领域，创业者一定要多找了解这个领域的人请教，尽量减少认识上的偏差，然后再采取行动。

第三，他所具有的能力能够满足公司很长一段时间的发展要求。公司要不断发展，尤其是创业型公司，在起步阶段的发展速度是很快的。创业者不可能在每个阶段，在同一类人才上，不断引进新的合伙人，除非公司的股权没有价值（但这是不可能的，公司股权永远是公司最核心的资产）。所以，合伙人的能力必须有较大的冗余度，能够满足公司很长一段时间的发展要求。

第四，他能快速成长。一个人能不能成为创业合伙人，还要看他的成长性，也就是学习和自我激励的能力。创业者和其合伙人都必须不断地对自己提出更高的要求，能力的提升必须跟得上公司的发展。一个不能快速成长的合伙人，当下可能是公司发展的动力，以后可能将变成公司发展的阻力。因为不学习的人，更容易故步自封，更容易自我满足，更容易拒绝新事物。而只有不断学习的人，才能够不断扩展自己的知识面，进而认识到自己的局限性，更加渴望了解这个世界的广度和深度。意识决定行为，行为决定习惯，习惯决定细节，细节决定成败。

继续说前面小F 的故事。在小F责怪他的六个合伙人不参与公司的管理导致公司项目进展不顺利之后，有两个合伙人也选择了从原单位辞职，全职参与公司的经营。但是这两个人，原来并不从事这一行业，既不懂工程设计，也不懂施工管理，在后来的工作中，不仅什么问题都要问他，还对他的一些意见提出诸多不专业的看法，使得项目不仅见不到起色，反而更加无序。最后，这两个合伙人说："你是专家，你都搞不好，也不要怪我们搞不好。"小F说："你们既然也没搞好，就不要把所有责任推到我头上。"其他人：……（他们能说什么呢？）

站在一个第三方的角度：这样的创业团队，当初何必凑在一起?

四、合伙人不能通过招聘解决

前面三点都在讲寻找创业合伙人的参考标准。而这一部分重点捋清寻找创业合伙人时常见的几个误区。

通常情况下，创业者在组建自己的创业团队时都已经考虑得比较周全了，比如启动这个项目需要有哪几类岗位，需要多少个人才，他们分别承担什么样的工作。在这个过程中，有一些初次创业者可能会把招聘员工和寻找合伙人混为一谈。请记住：创业时你所需要的人才，只要能用招聘解决的就一定用招聘的方式解决!

员工与一家公司签约，无外乎以下几个因素：满意的薪水、满意的工作环境、满意的发展平台。如果你的公司已经满足了员工的这些期望，而你也招聘到了自己所需要的人才，又何必浪费其他的资源，如原始股权呢？而一个合伙人愿意和你一起创业，如果仅仅是因为以上因素，那只能说明你找错人了。因为你找的人肯定没有“溢价”，要么徒有其表，要么另有所图，要么准备在你这里养老。

要记住，合伙人是招聘不来的。

把价值观、发展愿景放在首位的人，才能成为你的合伙人。如果这个人为了你的愿景，甚至愿意降低薪水、愿意屈就小平台，那就感谢上天吧。

创业团队一般都不是为了薪水和当下的平台而凝聚的，而是为了梦想而凝聚的。能够遇到愿意为你所发起的梦想一起付出和奋斗的人，是多么幸运的一件事啊!

如果你暂时找不到这样的人，可能会有两个原因：一个是这个梦想不像你想象得那样有吸引力；另一个是你接触的人还不够多。所以，找合伙人的过程也是验证你的梦想是否具有足够吸引力的过程。只要有信心，就应当相信志同道合的人一定会出现。

但是，这里又存在一种情况：处于起步阶段的创业者，通常会急需某一方面的人才，但受限于资金实力，给不了其有竞争力的薪水，又无法立刻找到合伙人，于是很多人会选择权宜之计，用近似于合伙人待遇的许诺，留住急需的员工。在这些留住的员工中，随着公司的发展，或者其本人意识的调整，有一部分员工愿意主动“进化”为非常得力的合伙人，而有一部分仍然只愿意停留在员工的状态，甚至还有一部分员工的工作状态随着时间的推移转差。因此创业者在刚开始许诺时，必须把握分寸，设置合理的兑现标准。这个许诺既要给员工以想象空间，又不能过于简单和线条化，以免让没有“进化”的员工吃到“天上掉的馅饼”。在公司发展的后期，不合理的许诺不仅会给公司发展带来沉重的负担，更会扰乱公司对员工的回报体系。

就我个人意见，创业者要么坚持寻找志同道合（既愿出力又愿出钱最好）的合伙人，要么准备足够的钱用招聘的方式解决急需的人才，最好不要走中间路线。

五、不要期望一开始就把合伙人找齐

创业者在寻找合伙人时应该具备一种心态：宁缺毋滥。在前面“凭什么开始创业”一节中列举了创业之前应该考虑清楚的几个方面：产品、研发（产业链）、销售、财务、人力资源，以及竞争分析、风险控制、企业管理等。创业者在开始创业之前，应该有比较细致的思考，即便有困惑，也需要与有经验的人沟通、交流。如果已经有了这个过程，那么你就可以上路了。

记住：

美丽的风景在路上才能看到。

同行的伙伴在路上才会碰到。

筑巢引凤栖，花开蝶自来！

在还没有遇到心中的“梦想合伙人”的情况下，如何解决在创业起步阶段的短板呢？如果创业者专长于销售，可以在前期把研发外包；如果创业者专长于研发，可以先在一个小区域尝试、探索销售模式。也就是说要在自己擅长的部分做出标杆和典范，在自己不擅长的部分只做验证。毕竟把伟大的创意变成实际的商业模式，还有大量的工作要做。在此期间，抓住重点、突出优势、形成核心的价值，创业项目自然会有越来越强的吸附力，对资金和人才的获取都将会变得更加容易。

找到对的合伙人是创业成功最核心的基础。能否找到合适的人、能否找到对的人，关系着企业的前途和发展。一个好的合伙人抵得上千军万马。创业者选择合伙人一定要慎之又慎，就如找结婚对象一样，那将是你工作中的伴侣，价值观、人生观相同，志趣相投是最重要的。

其实，在这一节讲到的很多关于选择合伙人的标准，又何尝不是对创业者自己的要求呢？

第三节>>>

财务投资人

每个创业者在其创业生涯中考虑最多的应该都是钱。一个公司，从自筹资金或者获得天使投资开始，会经过Pre-A轮、A轮、B轮、C轮等阶段的融资，直至上市。在这个过程中，“为钱奔波”成为每一个创业者的“宿命”。当然，今天这一节讲的内容涉及不到那么远。在这一节中，为与前一节讲的创业合伙人区分开来，我把为公司发展投入资金的人统一称为财务投资人。鉴于本书的读者是处于初始阶段的创业者，所以我在这一节只讲Pre-A轮融资之前与财务投资相关的内容。

事实上，在网络上有大量关于创业融资的文章，我不是这方面的专家，既不想班门弄斧，也不想贻笑大方，如果大家希望了解更多这方面的内容，可以去关注很多天使投资机构所发布的信息，比如德迅投资、险峰华兴、联想之星、策源创投等。我个人更喜欢徐小平先生的真格基金。

我在这一节所讲的内容，与天使投资机构所讲的有两点不同，一是更接近于创业的起步阶段，二是更聚焦于我的所见所闻。

每个创业者在创业起步时，或多或少都需要一定的起步资金来解决比如员工工资、研发费用、市场费用等方面的花销。即便像比尔·盖茨或者乔布斯一样在车库创业，买面包的生活费也还是要有的。

通常情况下，起步资金的来源包括自己的积蓄、亲朋好友的支持、有一定实力的投资者的资助等。那么这些亲朋好友、有实力的投资者就是我们这一节所说的财务投资人。财务投资者可以说是创业者的天使。但是，创业艰难，我见过很多不靠谱的财务投资人，在刚开始的时候像天使，后来却变成了压垮创业者的最后一根稻草。

还记得前面我讲的小A的创业故事吗？一个做工程建设起家的财务投资人给他投资了500万人民币，并给了他10% 的股份，让他得以启动面向互联网方向的创业，之后他很顺利地开发了一款本地新闻类APP。但是由于APP 的安装量不尽如人意，始终无法突破瓶颈，只好停止运营。压倒他的最后一根稻草就是在他的产品推广遇到瓶颈的时候，他的财务投资人信心开始动摇，于是发挥大股东的作用，架空了现有管理层，开始干预公司的运营。这位财务投资人，是搞土木工程建设的，并不懂移动互联网类产品在用户体验、口碑传播、网络营销等行为中可能出现的爆发性特征，在财务方面又过于保守。所以，在运营中，坚持以传统行业的短期投入效益比来衡量资金投入的有效性，严格限制推广费用的投入额度，打乱产品推广的节奏、方式和周期，常常将一个市场推广活动中途停止，并周而复始，导致推广效果始终徘徊在突破瓶颈前；更可怕的是后期为了节省成本，这位投资人要求所有研发人员放下产品研发的工作，去摆摊设点做地推，导致员工流失严重，到最后只能停止运营。

还有小C的创业故事。小C大学毕业，自主开发了一套针对中小企业的销售管理软件，然后由家人、亲戚投资（其中，他姨妈投资15万元），凑足了50万元，自己占70%的股份，开始了创业。在他创业半年之后，产品基本成熟稳定，已有种子客户验证了产品的价值，他即将按照计划开始做大规模的市场推广。此时他的公司还剩下约20万的资金。这时，他的姨妈找到他，说：因为其儿子要结婚，所以要求从公司拿20万举办婚礼。小C告诉她：现在公司处在起步阶段，不可能拿钱出来给股东分红，就算是退股，公司也没有资金回购股份。他的姨妈说："反正你迟早都要分红的，大不了你现在分给我，下次分的时候我不分了。而且，我拿钱给你办公司，肯定要赚钱才行，如果不赚钱，你就得把钱还我，我的钱也不能白白亏掉啊！"可怜的小C，15万的股权投资，活生生变成了借贷，他只好退掉那15万。公司因此元气大伤，只能先接外包项目赚钱维持公司的生存，结果错过了产品推广和升级迭代的好时机。

小F的失败经历更简单。前面讲过小F和他的六个朋友合伙开了一家从事水利工程服务的公司，在一年之后，所涉及的两个项目都不能按进度完工和交付，后来即便两个合伙人全职进入创业团队，也不能扭转局面。再后来，公司资金紧张，要继续进行下去只能再融资。但是由于大家在第一次投资启动项目的时候，基本上已经用了每个家庭全部的流动资金，甚至有一些是亲友的借贷，再加上又是传统行业，此时再引进新的财务投资人很困难，最后只能分道扬镳。

从上面三个失败的案例中，我们能看到什么？

小A的投资人对所投行业不了解，而且不信任小A。

小C 的投资人甚至不懂什么是股权投资，只是把投资当成高回报的借贷。

小F 的投资人都没有风险承担能力，在项目出现预期外的情况时，就像大海上的一艘船破了洞却没有备件去修补，只能看着船沉掉。

所以，创业者要牢记一句话：财务投资人是天使，也是魔鬼。而不靠谱的财务投资人，刚开始的时候，看起来更像天使。我们很有必要总结一下不靠谱投资人的特点。第一，不专业。不靠谱的投资人通常不太了解所投资的行业或者产品。第二，无风险承担能力。不靠谱的投资人通常没有分散投资风险的机制和安排，一个失败的投资就可能会影响他的整体财务状况，所以基本没有风险承担能力，要求项目只能成功，不能失败。但是创业是九死一生啊！第三，短视的贪婪。不靠谱的投资人对投资回报的要求很高，有时候这种回报的期望值甚至超过其他正常的投资渠道，对于回报的周期要求又很短。他对这种回报的要求，和希望买一张知道开奖号码的彩票没什么区别。这通常也是创业者当初使劲画饼所造成的后果。第四，获得他的投资比较容易。正因为不靠谱的投资人不专业，而且接触到的投资机会不多，加上创业者给他画的饼又比较有诱惑力，所以相对来说，拿到这样的投资反而比较容易。

创业者在寻找启动资金时，如果投资人具有以上四个特点，那么一定要慎重考虑。不要贪恋短期利益，不要被眼前的蛋糕所迷惑，否则，可能会为未来的失败埋下伏笔。

所以，创业者找投资人，一定不要“有奶便是娘”！我甚至见过有的创业者，因为在前期引入不专业的财务投资人，在后期项目失败之后，反目成仇，以至于还得诉诸法院通过法律手段解决彼此的纷争。创业者不仅要承担创业失败的痛苦，还要在后期花费大量的时间去应对烦琐的诉讼，陷入无止境的官司当中，得不偿失。这样的财务投资，当初要它做什么呢？

还有一类情况在初次创业者的创业过程中比较常见，尤其要慎重对待：很多初次创业者，喜欢在自己的熟人圈子里寻找自己的创业伙伴，也不管这个人的专业能力是否符合要求，资金实力能否满足发展需要，只是因为彼此的私人感情和信任，就开始一起创业。钱不是很多，刚够启动项目；人也不是很专业，在这个行业可能只是初级水平。这种方式的好处在于，在创业初期同时解决了创业资金问题和人手问题。刚开始的时候，这种创业模式通常会走得比较顺利，因为彼此信任，又都是出资人，所以配合会比较好，大家工作也都比较努力。但是当公司发展到一定规模的时候，个人业务水平、资金再投入能力都遇到了瓶颈，这时候，想引进新的合伙人又囿于股权架构，想再融资又限于团队能力，导致无论人力资源还是资金实力都处于上不上、下不下的状态。

这样的创业团队，如果在初期明确了退出机制，那么还有机会解决问题，然后继续发展。但更多的情况是：当初碍于情面，没有明确退出机制，发展到后期，又会有个别人因为自身的贪欲，不愿放弃既得利益，因此造成问题无法得到解决的局面。这类情况，我在“选择合伙人”一节中有更详细的阐述。那么，创业者在选择财务投资人时，怎样做才是比较成熟的做法？如何才能避免出现类似的情况？我的建议有以下三点。

一、最好找专业的投资机构

专业的投资机构，至少有以下几个好处：

1. 有规矩

比如徐小平先生的真格基金，其投资条款清单（Term Sheet）是公开的，这份清单对于其投资的要求有一个明确的框架条款。同样公开投资条款清单的还有IDG等投资机构。和这样的投资机构合作，未来是可控的，黑天鹅事件出现的概率比较小，创业者不用像小C一样欲哭无泪。

2. 有风险承担能力

专业的天使投资机构，除了具有较强的资金实力外，更重要的是有自己的风险控制机制，可以承受单个项目的失败。获得这样的投资，只要创业者自己遵守法律和规则，即便创业失败，也不至于在失败之后还要“吃官司”。

3. 有宝贵的行业资源

专业的投资机构，在自己熟悉的领域有大量的资源与创业者共享。对于创业者来说，不仅可以获得资金的支持，更重要的是可以获得行业内的最新信息以及相应的专业指导。创业者不仅可以借此扩展视野，了解行业发展动态进而调整创业节奏，还可以让自己的想法获取更多的养分，更加具有生命力。

4. 不短视

由于专业的天使投资机构具备一定的风险承担能力，所以不会短视，不会由于短期的利益，而过早地要求投资的公司给予回报，这样创业者将会有更多的时间和资金来推动创业项目更好、更快地发展。

可很多创业者也担心：我的项目是否能够得到专业投资机构的青睐呢？我的建议是：为什么不多试一试？创业者可以问自己两个问题：

一是融资能力对于创业者重不重要？答案肯定是“重要”。既然重要，为什么不在刚开始的时候，就把自己放到一个比较高的平台上去和专业投资机构切磋呢？即便不能融资成功，也可以锻炼自己的能力呀。

二是对自己的项目有没有信心？如果有信心，为什么不大胆展示？项目真的好，就不要图方便、图便宜，是真金就不怕火炼。

就像前面说的：财务投资人既是天使又是魔鬼。虽然有时候，专业的天使投资机构看起来不那么天使，要求比较多，可那也是专业的体现；在后期，至少不会变得比不靠谱的投资人更可怕。

当然，并不是每个项目在起步阶段都会得到专业天使投资机构的青睐。那么在经过了上述努力之后，还是需要自己解决起步资金该怎么办？另外，还有一些传统行业的创业项目，通常没有专业的天使投资机构会投资，那么在起步阶段应该怎么办？即便是新兴行业的某些项目，大部分也需要在经过产品验证或者市场验证之后，才会有天使投资机构感兴趣，那前期资金又该怎么办呢？

二、稳扎稳打

在起步阶段，创业者要尽量稳扎稳打。前面所说过的小F创业的例子，更多的问题出在小F自己身上。小F在刚开始创业的时候，同意他的六个朋友只投资，不参与公司经营，一方面是他的朋友们信任他，愿意为他投资；另一方面也是他贪恋短期的利益，希望通过这种宽松的、不合理的条件快速获得他创业所需要的启动资金。

换个角度说，如果小F 在决定自己创业之前，愿意做更长时间的配角，继续与成熟的团队合作，把自己的资金、资源等基础打得更扎实，而不是急于自立门户，急于走捷径，用优厚的条件把自己的朋友拉进来，那么也不会因为摊子铺得太大，导致管理和资金都跟不上，陷入后面的麻烦中。同样，他的朋友们如果不贪恋他画的大饼，也不至于落入后面的陷阱。

很多时候，人们在谈起创业的时候，都会说：博一把吧，仿佛不抓住这个“稍纵即逝”的机会，就会丧失美好的未来。但是，请记住，“博一把”指的是一种创业的心态，是一种战略上的气魄，而不是战术上的安排。创业者千万不可把“博一把”的心态放到创业的战术中去。在战术上，创业者必须重视对资金、人员、产品、销售、研发的各种计划，我在“凭什么开始创业”一节中已经有了比较详细的讲述，这里不再重复。

创业的时机，可以分为外在和内在两个部分。外在部分，也就是创业的外部环境。在当前科技发展、产业变革日新月异的情况下，确实会出现很多能“让猪飞起来”的风口，创业者当然希望抓住这个风口，但这是远远不够的。内在部分，即自己的内在能力，如果能力没有达到、条件还不成熟，盲目地起飞，不一定飞得安全，也有可能被吹下来。而创业者的资金筹措、管理能力就是内在能力的一种。创业者在安排启动资金的时候，一定要量力而行、稳扎稳打。如果时机不成熟，就不要轻率地启动，更不要去走捷径。

在这一点上，我的经验是，最好使用自己能控制的资金，有多少钱办多少事。即便要融资，也要在风险可控的前提下做好预案，有备无患，在意外来临的时候，才能留有余地，具备腾挪的空间。

记住以下五条建议：

1.不要借钱去创业！

2.不要拿追求短期回报的资金去创业！

3.不要拿来路不明的资金去创业！

4.不要拿只能赢不能输的资金去创业！

5.不要通过贱卖公司的股权去筹措资金创业！

三、要省钱

我见过一个最阔气的、号称以新技术研发为主的创业公司，人不多，只有10个人。其组成是这样的：

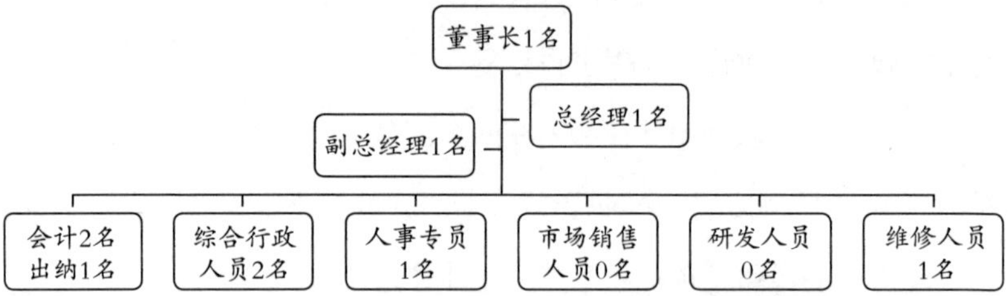

这样一个每天通常只有五六个人出勤的公司，办公区选在城市商务中心的核心区域，面积超过400平方米，真是再豪华不过了。可公司没有销售、研发或者市场人员，这是为什么呢？因为他们要求研发人员必须具有博士学位，市场人员必须具有MBA学位。到目前为止，公司还没有招到合适的人。

作为创业者，无论你的创业资金是怎么来的，有多少，请一定不要做这个公司正在做的事情。

1. 不要图虚名

作为一个创业公司，不要在你的创业团队中，安排一大堆副总经理、总裁、副总裁、总监等职位，甚至在公司还没有董事会的时候，就给自己挂一个董事长的名头。

作为一个创业者，不要拿一大堆钱去挂名各种协会或挂一大堆理事单位、会员单位、成员单位、某某中心、某某合作伙伴的牌匾，拉虎皮当大旗；也不要放着公司的事不做，追着各路名人和各种会议跑，今天参加了这个活动，明天见了那个名人，后天又和某某企业家合了影。这些虚名除让你和你的团队养成贪慕虚荣的毛病以外没有任何意义。

2. 不要讲排场

惠普、迪士尼、谷歌、亚马逊、微软和苹果公司都是在车库里诞生的。

有的创业公司明明处在起步阶段，却租了很大一个办公区，公司前台必须坐两个人，会议室可以开国际会议，总经理办公室可以打篮球，茶几不是红木的就是楠木的，大得可以在上面跳舞。

有的创业公司，产品还没做出来，先买一个车，请个司机，领导出门至少要带一个助理，美其名曰要体现公司实力，见客户时要有面子。

有的创业公司，销售额才六位数，却非要上个ERP系统；员工不超过10人，却要设计一套事无巨细的KPI指标；组织个员工聚餐都正式行文通知。这些做法看上去很职业，但除浪费研发产品、走访客户的时间外，没有什么价值。

只有内心不自信的人才会讲排场，才需要依靠外在的场面掩饰内心的虚弱。创业者一定要记住：“艰苦创业！”

创业公司讲排场，除了浪费钱，还会形成官僚作风。创业初期，形式一旦大过内容，创业团队灵活高效的优势就不复存在，会变成“冻僵的小麻雀”，即便不死，也飞不起来了。

3. 尽量减少公司中的辅助性岗位

有的创业公司，员工加起来也就十几个，还非得设个人事岗；办公区不大，却还要有一个专职打扫卫生的阿姨；每个月往来账不超过20笔，还专门找一个出纳；一个月没来几个客户，还要设个前台。

这样的人员设置，不仅浪费人力成本，更重要的是会因为事少、人多而造成人浮于事；人浮于事，就会无事生非；无事生非，就会内都损耗。

创业公司应该尽量减少公司中的辅助性岗位。钱，必须用在刀刃上，市场和研发是重点。作为一个创业者，除了会计岗位需要专业的人员之外，其他的辅助性岗位，在创业初期都可以自己兼着做。

在创业的前期，创业者应尽量亲力亲为，这也是锻炼自己的过程。有很多工作，自己都做一遍，有了经验，以后管理起来，即便不是知根知底，也能了解得八九不离十吧。

在某些特殊的情况下，即便是研发和销售工作，为了节省成本、降低风险，也可以采取外包的方式。如果创业者不擅长研发，可以在前期把研发外包；如果不擅长销售，可以先与一个外包商合作在一个小区域尝试、探索销售模式。

不仅是创业，世间所有的事情都是如此：踏踏实实地做，才会有好结果。路要一步一步地走，才能到达远方。

第四节>>>

股权结构

股权和股权结构这两个概念，在法律和经济学中有着复杂的定义。由于本书只针对初创的小公司，所以本书所讲的股权是简化的概念，仅指有限责任公司的出资人股份及相对应的权利。

股权结构是一个创业公司最基本的结构之一，它影响着公司的管理架构、决策体系、利益分配等许多方面。不科学的股权结构设计，对公司的管理、决策以及利益分配都会产生负面的影响。我见过很多失败的创业公司，它们都存在最初的股权结构设计不合理的问题。

股权结构设计不合理的问题，往往在公司运营初期表现得并不明显，但随着公司规模的扩大，会逐渐显现出越来越大的破坏力。很多创业者，尤其是初次创业者，在创业初期由于经验不足，往往自认为做出了一个不错的决定，却在不经意间好心办了坏事，为后期的发展埋下隐患。

在这一节，我将会提供一些有关股权结构设计方面的建议，供创业者借鉴。这些建议，并不适合所有人，因为公司经营本就是一个复杂烦琐的过程，当一个问题出现时，通常也会有其他问题交错或者纠缠其中。更何况“一千个人眼中有一千个哈姆雷特”，所以最多只能借鉴，不可照搬。

一、关于股权的第一个问题：将股权看得过于廉价

创业者，尤其是初次创业者，犯得最多的错误之一，就是在刚开始的时候，把公司的股份看得太廉价。

创业公司在起步的时候，只是画出蓝图，雏鹰尚未展翅，星星之火尚未燎原，这个时候的公司也许没有什么有价值的资产。于是，在一些人的眼里，公司的股份好像不值钱。所谓的股权，也只是几个人商量出来的数字而已。

于是，很多创业者，在初期股权的划分上就比较随意：有的创业团队本来就是同事、同学、同乡或者朋友关系，出资多少好商量，股份占比上也很随意，每个人都差不了太多；有的创业者为了吸引某个心仪的人才，在股份上慷慨大方；有的创业者，急于拿到资金或者出于其他原因，对财务投资人的要求无底线地满足……

其实这些做法都是不对的。一个创业者，如果在刚开始的时候就觉得自己创立的公司的股份不值钱，那很可能在潜意识里就没有把这个公司做大的雄心或者信心。

创业者在刚起步的时候，无论面临什么样的情况，都要把自己创立的公司的股权看得比金子还珍贵。在创业者心目中，一定有一张自己公司发展的蓝图，比如希望在什么时候达到什么样的规模。在刚开始的时候，创业者就要尽量以心中的蓝图为标尺来衡量公司股权价值。

我的朋友小I ,是一个做销售出身的创业者。在创业初期，为了拉拢一个技术高手入伙，他只要求对方象征性地出一点资金，就很慷慨地给予对方40%的公司股权。但是在后期发展过程中， 随着产品的不断升级，所涉及的技术范围越来越广，技术要求渐渐地超出了这个技术高手所擅长的范围。要求一个某一方面的技术高手具备全方位的技术储备是不现实的，即便其自身具有很强的学习能力也不够，因为某些技术能力的获得需要时间和经验的沉淀。所以在后来，公司更多的技术工作都是由后续招聘的员工处理的。

这个技术合伙人非常愿意学习，对本职工作也尽心尽力，只是随着公司发展速度的不断加快、产品发展方向的不断调整，他能发挥的作用越来越小，甚至被边缘化。这种局面，不是他本人愿意看到的，也不是小I当初能预计到的，而此时，公司还没到对外融资的阶段。

小I的问题就来了。刚开始的时候，公司40%的股权在他看来只是一个数字。但现在，却是非常有价值的资产，融资之后，这些股权就是实实在在可货币化的权益。此时的小I，相当于用40%的股权换取了一个只在公司发展初期起部分作用的合伙人。

如果你是小I，你会怎么办呢？心里会产生怎样的想法？你该如何向后期的投资机构解释你的团队构成？又该如何平衡后期对公司骨干的激励？

这些问题，不同的人会有不同的答案，不同的人也会选择不同的解决办法。在这里，我们只是反思小I最初的做法是否妥当，在当时是不是应该选择更科学的处理方式，既能顾及当时的情况，又能有预见性地防范后期出现的问题？比如，采用期权或者带限制条件的股权等方式。

有的创业者在刚开始起步的时候，甚至“免费”送股份。在我看来，只要有任何其他的办法，都不可以采取这种形式。有些年轻的创业者，对人性的认识过于肤浅，往往把事情想得过于简单。请记住，在创业的起步阶段，无论任何理由，不愿意和你一起投钱的人，都不是一个有诚意的合作伙伴。

还有更多这方面的例子，其中也涉及创业者或者合伙人的人品问题。在公司的起步阶段，股权好像根本不值钱，到了中期，随着公司的发展，股权有价值了，此时就会有不靠谱的人跳出来：有的人因为家庭财务出了状况，便急于将股权兑现，拆大家保小家；有的人在公司发展遇到困难的时候，不是想着同舟共济而是落袋为安；还有的人在公司发展壮大后，嫌当初的股份分配不公平，拥兵自重……各种问题，牵扯创业者大量精力，消耗公司元气，甚至内耗内斗。

二、关于股权的第二个问题：创业者应有更多的担当与决策权

很多创业者，在与其合伙人划分公司股份的时候，显得比较大方，本意是好的，比如激发大家的积极性、获得更多的启动资金……但是，在我看来，创业者需要有更多的担当，不应该为了短期的利益，过分让渡自己未来的权益。

有一点，创业者一定要清楚地知道：在通常情况下，公司股东的权利是按照股份占比划分的。所以股权不仅涉及股东的股息收益，更重要的是涉及对公司管理的影响力。基本上，在一个处于初创阶段的小公司，股东的投票权等同于决策权。当然，当公司壮大成为有董事会的股份公司之后，其决策管理体系会变得更为复杂，这不在本书的讨论范围。

创业者一定要有舍我其谁的心态。苏轼说：“羽扇纶巾，谈笑间，樯橹灰

飞烟灭。”岳飞说：“抬望眼，仰天长啸，壮怀激烈。”完颜亮说：“万里车书尽混同，江南岂有别疆封？提兵百万西湖上，立马吴山第一峰。”创业者在开始创业的时候，一定都有像他们一样的豪迈和情怀。但是有这种豪迈、情怀，和有担当是两回事。作为公司的主要创始人，作为创业团队的领导者，必须具备担当能力。

那什么是担当呢？李大钊有诗云：“铁肩担道义，妙手著文章。”他积极投身新文化运动，宣传民主、科学精神。他是我国早期的马克思主义传播者，在他的带动下，大批先进青年接受马克思主义走上革命道路，为中国新民主主义革命的发展和胜利打下了坚实的基础，并最终为传播和实践马克思主义而英勇献身。这就是“铁肩担道义”般的担当。

说到、想到很容易，做到不容易。创业者，不仅要说到、想到，还要做到。如果创业的时候已经确定自己可以“铁肩担道义”，那就尽量在公司的决策权、管理权上占据有利的位置，当仁不让地承担公司创始人的责任。

先说几个例子，看看不管是主动还是被动地放弃这种责任，会带来什么样的后果。

第一个例子是前面章节多次提到过的创业者小A 的例子。小A得到了财务投资人500万人民币的投资，并无偿获得了10% 的股份，启动面向互联网方向的创业。后来在公司发展遇到困难的时候，投资人利用自己大股东的权力干预公司的运营，导致产品推广方式错误，员工流失严重，到最后只能停止运营。小A就是典型的由于股权占比过低而失去公司的管理权，被外行领导且最终失败的例子。

第二个例子是前面“凭什么开始创业”一节中提过的创业者小B 的例子。

小B，27岁的时候在一家私营企业担任副总经理职位，考虑到自己已经具备了一定的经营能力，在认识了一位具有较多人脉资源的朋友之后，从原企业辞职，与这个朋友共同投资100万元，各占50%的股份创立了公司。创业的前期，在小B 的努力下，加上合伙人的资源支持，公司业务发展尚可。后来由于多种原因，原有的业务量开始萎缩，为了公司的生存，他们必须寻找新的收入增长点。小B的想法是在已经成熟的模式上，继续开发新的客户资源，弥补原有业务量的萎缩。他的合伙人的想法是随着行业的集中度越来越高，公司规模又不大，开发新的客户非常困难，而且也不是长久之计，应该创新业务模式。

两个人的意见不一致，这种不一致涉及的是公司未来的发展方向。怎么办呢？开股东会投票表决吗？两个人的股份占比是5∶5，谁都没有最终决定权。最后，其合伙人选择将股份转让给小B，退出公司经营。虽然小B获得了公司的全部股份，有了全部的决策权，可是他希望的模式是开发新客户，而原来的客户资源基本由他的合伙人掌握，没了这个合伙人，又哪有那么容易签到新的客户？

第三个例子是前面“凭什么开始创业”一节中提过的创业者小D 的例子。小D，原本是一位技术牛人，去美国观摩SEC国际消费电子产品展会时，发现了一款基于互联网和物联网技术的智能玩具，这类产品在国内是空白的，并且具有很大的市场空间。于是，他和美国读书时的两个同学共同投资150万元，各占三分之一的股份，他负责研发和生产工作，其中一个同学负责后续的融资，另外一个同学负责产品的销售渠道建设。

在后来产品的研发生产过程中，由于某一个元器件找不到合格的供应商，导致产品的整体质量始终不稳定。此时，小D的意思是简化产品功能，绕开这个元器件，让产品尽快量产。但是负责销售的合伙人坚持不同意简化，因为他的销售商非常看重这个功能，如果去掉，作为一个智能玩具产品，将会失去一部分趣味性。

同时，随着资金的消耗，公司急需新的资金进来。负责融资的合伙人，要求负责销售渠道的合伙人尽快拿出预售数据和市场调查数据，在没有数据支撑的情况下很难说服新的投资人。但是由于产品质量尚不稳定，还不能正式量产，所以负责销售的合伙人无法进行广泛的产品推介，也就拿不出有说服力的数据。

而小D依然在为那一个元器件伤脑筋……这就形成了一个死循环。三个人的意见不一致，在公司生死存亡的关头依然谁也不能说服谁。因为三个人的股份是相同的，谁都没有最终决定权。

第一个例子的小A，是被动地失去了公司的决策权。

第二个、第三个例子的小B和小D，算是在开始的时候就主动地放弃了公司的决策权。

任何事，如果人人都要承担责任，最后的结果就是谁也不会承担责任。再回到前面所讲的创业者的担当问题。为什么说创业者要有当仁不让的气魄？就是要求创业者在刚开始创立公司的时候，一是要有勇气，勇于扛起公司所有的责任；二是要有自信，不要因为对当下的无奈或者对未来的担忧，就选择退让或者逃避，妄图通过股权的稀释来换取某些短期利益或者让其他人承担更多的责任。

在前面的章节中，我列举了创业之前应该考虑清楚的几个方面：产品、研发（供应链）、销售、财务、人力资源，以及竞争分析、风险控制等。创业者需要通过对这些方面的思考，提高对自身的要求。通过自我提升，来坚定当仁不让的信心。有了这个信心，才更有可能创业成功。反过来说，成功的企业必须由一个具备强大行动力和自信心的人领导。

我们经常在媒体上看到一些文章，讲述我们耳熟能详的那些伟大公司是如何创业、如何成功的。那么，看看吧，在那些被我们当成楷模的公司当中，哪一个是在创业之初由两个或者三个创始人平均持有公司股份的？

创业者无论是在什么情况下开始创业的，都必须做好独当一面的准备，必须有把所有责任扛在肩上的底气。没有当仁不让的心态，那就不要创业。如果认同我上面所说的话，那我就再送大家几点建议。

1.任何一个创业团队，都最好要有一个绝对控股（其持有的股份超过公司资本总额百分之五十）的领头人；

2.创业团队尽量不要采用5：5、3：3：3以及与此类似的股权结构；

3.如果不能满足上述两个条件，创业团队的其他合伙人也可以通过具有法律效力的协议将部分投票权授予核心创始人，以确保此人具有绝对的领导权。

俗话说 “一个好汉三个帮”，还有“三个臭皮匠，赛过诸葛亮”的说法，也有很多创业类文章上提到“创业路上要有人和你同行”，但是在股权这件事上，不可以“你好，我好，大家好”。

三、关于股权的第三个问题：合伙的心态

一个创业者，作为一个创业团队的主帅，要有自我成长的要求，不懂可以学，学不会可以招聘会的人来帮忙。不要因为自己某一方面不太擅长，就拿出股份来请一个合伙人。在创业初期就过多地稀释股份，后期又拿什么去吸引更厉害的合伙人呢？

作为非核心的创业合伙人（特指核心创始人的创业搭档），既然愿意成

为别人的搭档，就应该尊重核心创始人的权利，心甘情愿做一个副手。

一个公司的正常运营至少包括产品、研发、销售、财务、人力资源等方面的事务。可我看到很多初创公司，往往一个负责技术或者销售的合伙人，就要求40%～50%的股份。在我看来，这其实有些心态浮躁、急功近利。而更让我担忧的是，有的创业者，出于某些原因，也答应甚至主动开出这样的条件。我很担心这样的行为，在公司后期的运营中，会再现上面故事中已经出现过的问题。

年轻人，如果觉得自己能力很强，希望得到较多的回报，就应该自己去创业，让自己成为某一个公司的核心创始人。如果自己不能单独创业，就没有必要做着副手的事、担着副手的责任，却又希望分享本该属于核心创始人的权利。

总的来说，创业者要有当仁不让的心态，其合伙人也要有甘当副手的觉悟。在这样的默契之下，公司的股权架构才会更加科学，更加有利于公司的长远发展。

四、传统行业中特殊合伙人的股权问题

在传统行业中，有的创业者为了公司的发展，会利用一些社会资源，比如具有广泛人脉资源的关键人，这些关键人有可能会带来一些重要的项目机会。很多创业者通常用给予股权的方式来笼络这些关键人。

我的朋友小K，创业的方向是为中小型企业客户提供基础的IT技术服务。在创业的起步阶段，他和一个拥有较多人脉资源的人合作创立了公司，双方的

股份占比为70%和30%，该合伙人并没有投入资金，且是兼职。在创业初期，这个合伙人给公司带来了多个项目，为公司的发展打下了基础。但在这之后的项目，都是通过公司的市场行为和小K 的努力所发掘的。随着公司的发展，这个合伙人渐渐地不再参与公司的运营，也没有发挥什么作用，基本上只在公司分红的时候出现。

后来的故事不免落于俗套：因为利益的分歧，一个不愿意让他人继续白分利益，一个不愿意放弃股权，最后只好将公司清算结业，小K另组公司重新来过。只是经过这样一折腾，原有的企业资质全部归零，新公司的发展变得艰难。

对于这一类合伙人，我能给创业者的建议就是：不一定非要给股权，通过项目利润分红的方式来实现收益共享也是一种办法。

第五节>>>

明确责权利

我在读大学的时候，参与过一次商业性的社会实践活动。学校附近有一个厂区，厂区有一个不大的电影院。那个时候，电影院都是独立经营的，还不像现在这样院线化；网络也不像现在这样普及，学生的课余生活也不是很丰富。于是我组织了几个要好的同学，帮这个电影院在学校做广告宣传，电影院按照售票收入的比例给我们分成。第一天，我们赚了60多元，我用这笔钱请大家吃了顿消夜；第二天我们赚了100多元，我请大家一起吃了顿火锅；第三天赚了200多元，我们又一起吃了顿大餐。那天吃完大餐后，我的一个师兄跟我说："我们跟着你做事，是想勤工俭学，可是你每次都把赚的钱拿来吃吃喝喝，那我们做这事有什么意义？"

这件事让我开始明白，作为单个个体的自然人和一个组织的带头人是有区别的。组织的带头人必须以组织和组织成员的共同利益为目标制定行为规则，而不能像自然人那样凭个人习惯或者好恶做事。在此基础上，组织带头人的思维方式、行事方式也应该不同于自然人。

结合创业的过程，这件事给我的一个启示是：企业的创始人及其合伙人，在创业开始后，作为一个组织的领导者，其思维方式和行为方式必须适应角色的转变。这其中最大的转变就是责任、权力、利益的分配思路。

这一节重点围绕如何明确创业团队内部人员的责权利展开。本节所讲的内容适用于几个合伙人一起“打天下”的情况，也可供独自创业者在公司管理中参考。

一、角色的转换

创业者在创业的起步阶段，通常会和哪些人成为创业合伙人呢？同事、同乡、同学……我想一般是相互了解比较深入、价值观比较相似的人。这样的一群人在一起，彼此的信任感比较强。这一点是毋庸置疑的，谁都不会和自己不信任的人一起创业。

但是，往往就是因为这种信任，在“朋友”与“合伙人”的角色发生转变时，如果细节处理不好，在某些时候会埋下产生矛盾的伏笔。在开始创业之前，大家是无利益关系的朋友；在开始创业之后，是利益捆绑在一起的合作方。彼此已经从松散的朋友关系转变成了紧密的利益关系。朋友关系和利益关系最大的不同就是，感情不再是维系双方关系的核心要素。

很多创业者，尤其是初次创业者，即便认识到这一点，也不愿意承认这一点。他们会说“兄弟齐心，其利断金”，会认为只要大家心往一处想、劲往一处使，就没有做不好的事。这种想法是正确的，但是忽略了一个前提：心往一处想的前提是什么？可以说是共同的理想。共同的理想是什么？是做伟大的事。如何才能做伟大的事？首先当然是要挣钱。不以结婚为目的的恋爱是耍流氓，不以赚钱为目的的公司也是耍流氓。有的浪漫主义者可能不认同我的说法，但我要说：即便你嘴上不认同，残酷的现实也会让你不得不认同。

以我所见所闻，我认为创业团队的内部人员管理，通常会有以下几个误区：

1. 追求一团和气

很多创业团队的成员都是以朋友关系为基础聚集在一起的。这种朋友关系为创业团队带来的除信任之外，还有延续下来的一团和气的相处氛围。

2. 人情代替规则

以朋友关系为基础聚集在一起的创业团队，多数不注重规则的制定，没有将责权利落实到具体的管理规则上。如果创始人强势，就会导致一言堂，各种决定全凭其个人好恶；如果创始人弱势，则会出现权力分散、各自为政的情况。

3. 没有惩罚机制

由于没有规则、一团和气，所以这样的创业团队对目标的追求也会流于形式。人人都希望把工作做好，但是最终结果的好坏，却没有人负责。做得好，则弹冠相庆；做得不好，就放任自流，甚至碍于面子假装不知道，更谈不上相互监督。

产生这些误区的核心原因，就是创业团队成员没有实现角色的转变。这种角色转变包括以下几个方面：

1. 关系的转变

以前，大家是朋友，可以在一起大口吃肉、大碗喝酒，可以无话不谈。但是现在，大家是工作关系、合伙关系，甚至由于公司的管理架构变成了上下级关系。

2. 目的的转变

以前，大家聚在一起多是为了分享生活的乐趣。但是现在，在一起是为了做事，并且要追求结果，必须将团队目标置于个人目标之上。

3. 行为方式的转变

以前，大家在一起相处，说什么话、做什么事，完全是自愿的。但是现在，就不能只凭自己的喜好、感受来行事，而是要根据团队的需要实施或约束自己的行为，完成从个人行为到组织行为的转变。

4. 衡量标准的转变

以前，大家相处好坏的衡量标准是自己是否愉悦、相互是否认同。但是现在，衡量标准转变为工作结果是否达到预期目标、是否对团队及个人利益有正向的作用。

创业团队成员在一起走上创业之路后，必须有意识和觉悟在彼此信任的基础上更上一层楼，尽快从心理上完成身份和角色的转变，使团队成员间的合作方式更适应创业的需要。但是，光有心理上的转变是不够的，还必须有制度上的保障，这就是我接下来要说的内容。

二、明确责权利

有的创业者，在创立公司之后，大包大揽，研发自己管、客户自己跑、供应链自己建，什么都亲力亲为，而他的合伙人却沦为小跟班；

有的创业者，在创立公司之后，责权利不分，吃大锅饭，美其名曰搞好团结，实际上滋养了平均主义、投机主义作风，干得好的不如说得好的；

有的创业者，在创立公司之后，才发现当初找来的合伙人不合适，做事情不主动、不积极、不负责，只能大呼上当，却毫无办法；

有的创业者，在创立公司之后，自己只管坐在办公室发号施令，所有的事情都安排别人做，架子比大象大，离市场、客户越来越远，最后变成瞎指挥、瞎折腾；

有的创业者，在创立公司之后，东一榔头西一棰子的，犹如猴子掰苞谷，做事杂乱无章，他的合伙人也是一头雾水、无所适从……

这些都是没有明确团队内部责权利的表现。那么如何明确责权利？下面从管理学的角度做一个简单阐述。

1. 明确责任

所谓责任，就是创业团队的每个个体（岗位或者成员）应该干什么。要明确团队的个体责任，首先要明确团队的总体目标，也就是组织目标。这个目标决定了团队应该做些什么事，这些事可以是团队要实现的功能，也可以是团队要完成的任务。对功能、任务进行分解就明确了组织的行为。

确定组织的功能和任务之后，接着就要决定由谁来做这些事，这就涉及团队组织的机构设置和岗位设置了。对于创业公司来说，所谓机构设置，就是明确团队内部的部门名称和职责；所谓岗位设置就是明确每个部门下的岗位名称和职责。部门和岗位的职责明确之后，基本上也就明确了责任。

在上述表述中有一个关键点：责任的分配，不是按照人员来分配的，而是按照岗位来分配的，在某个岗位上的人员自动履行本岗位的职责。在设置组织的机构和岗位时切忌“因人设岗”，必须“因事设岗”。

2. 明确权力

所谓权力，就是每个个体在履行责任时，有什么样的权力，如决定权、审核权、报告权和参与权等。比如一个部门经理，对本部门员工的绩效考核应该具有决定权，对下属提交的方案应该具有审核权，对涉及公司总体运营情况的本部门相关事项应该具有报告权，对制定公司总体发展战略应该具有参与权。

3. 明确利益分配

明确利益分配就是明确回报。所谓回报，就是每个个体在履行了自己的责任和权力后能得到什么。与大多数人想象的不同，分配利益最核心的部分不是“分利益”，而是“业绩评价”。这一点，请各位创业者一定要谨记！

对于创业团队，我建议采用360度业绩评价法，就是指团队成员的业绩不仅由他的上级给予评价，同时还应由他的下属、同事以及客户分别从不同的立场和角度加以评价。在完成上述的业绩评价之后，创业者就可以在薪酬、岗位升迁、合伙人的股权（或期权）激励等方面，结合公司的实际情况，制定自己的利益分配制度。

责权利制度在团队组织内部建立了基本的秩序，同时，由于有了明确的制度条文，组织成员对自己的行为及其后果能形成相当明确的预期，有助于引导团队成员的行为。同时也要注意一点，作为一个初创公司，在选择自己的管理制度时，最好不要盲目贪大求全，不要追求事无巨细，否则，反而会降低组织的运行效率。

以上是明确责权利的一些基本理论和方法。初创公司明确责权利的目的，就是要剔除人情因素，让创业团队成员之间从松散的朋友关系升华为紧密的利益关系，在信任的基础上将团队目标分解成各自的责任和义务，并将结果与各自的利益挂钩。

但是，明确了责权利还不够，更重要的是落实与执行！

三、落实责权利

很多初创公司，在设置了机构、岗位，明确了各岗位的责权利之后，却在责权利的落实与执行上，流于形式。如何才能不流于形式，我有以下两个方法可供参考。

1. 落字为凭

创业团队在明确了各个成员的责权利之后，要以文字的形式固定下来，并“签字画押”，成为团队的约束性文件。

通常，一个创业团队内部的约束性文件有以下几种形式：公司章程、股东会决议、公司规章制度、会议纪要。这四类文件的法律效力依次减弱。

（1）公司章程

公司章程相当于一个公司的“宪法”，是公司设立最主要的条件和最重要的文件，我国《公司法》明确规定，制定公司章程是设立公司的条件之一，可以说公司的设立是以制定公司章程开头的。没有公司章程，公司就不能获得批准，也不能获得登记。

公司章程一经登记机关核准并登记，即产生法律效力，既是公司对外进行经营交往的基本法律依据，也是公司的自治规范。

公司章程作为一种自治规范，是由公司股东依据《公司法》，对《公司法》规定的普遍性问题的补充。所以，公司章程可以结合自身的特殊情况来制定，并对公司和相关当事人都具有效力，公司和相关当事人都有义务遵照执行。

有限责任公司的公司章程必须载明的事项包括：公司名称和住所，公司经营范围，公司注册资本，股东的姓名或名称，股东的出资方式、出资额、出资时间，公司的机构及其产生办法、职权、议事规则，公司的法定代表人，股东会认为需要记载的其他事项。

其中股东的权利和义务，股东转让出资的条件，公司的机构及其产生办法、职权、议事规则是最能体现公司个性化规定的地方。创业团队可以将上面所说的比较核心的、常态化的责权利分配制度，在章程中加以明确，从而变成公司的内部法规。当然，前提是不得违反国家现行的法律和法规。

列入公司章程的条款，如果遇到有团队成员不遵守的情况，公司是可以上诉至人民法院要求当事人执行的。不过，现在很多创业者，在初期设立公司的时候，通常会委托中介机构代为办理相关手续。而中介机构为了省事，通常会采用模板化的公司章程，这种公司章程就很难体现创业团队个性化的内部规定。为避免这种情况，创业者事先应该和中介机构妥善沟通。

（2）股东会决议

股东会是有限责任公司的权力机关。通常情况下，有限责任公司必须设立股东会。但股东会不是常设的公司机构，而仅以会议形式存在，只有在召开股东会会议时，才作为公司机构存在。

股东会决议，是指有限责任公司股东会依职权对所议事项做出的决议。一般情况下，股东会会议做出决议时，采用“资本多数决定”原则，即股东按照出资比例行使表决权。依法做出的股东会决议具有法律效力。

创业团队的有些可执行期较短或者重要性不够的内部规定，如果觉得不必要写入公司章程，就可以采用股东会决议的方式加以约定。

（3）规章制度

公司规章制度是公司结合《公司法》和《劳动法》等法律法规建立的一套管理制度。通常情况下，制定公司规章制度的目的是规范公司全体人员的行为和职业道德、促使公司科学管理、保障公司和员工的合法权益、规范公司的功能和作业体系。

好的规章制度可以保障公司的运作有序化、规范化，可以通过赋予特定的职位特定的权利义务责任，来使当事人能预测自己的行为和努力可能对自己和公司产生的结果，为公司的正常运行提供保障。

所以，创业团队的某些约定，可以在公司的规章制度中加以体现，以便团队成员有章可循、有据可依。

（4）会议纪要

会议纪要是用于记载、传达会议情况和议定事项的公文。会议纪要集中、综合地反映会议议定的事项，可以对公司经营管理过程中的某些行为起到指导和规范的作用。

会议纪要通常是通过讨论既定问题，与会人员就解决问题的措施、办法和要求等达成共识、统一意见后，形成纪要文字，由与会人员签字确认，由当事人在会后贯彻执行的。

以上四种约束性文件，就是公司在管理过程中明确责权利的主要手段。当然这四类文件的作用远不止于此，这里不展开讨论。

2. 公事公办

有了制度性的约束，还要有对制度的执行能力，这样才能保证执行的效果。但在很多创业团队中，由于角色转换不到位、思想意识欠缺以及管理经验不足等因素，制度的落实常常会不到位。

落实制度，最关键的就是落实管理过程中的责任制。责任制是指各项工作由专人负责，并明确责任范围的管理制度。责任制既贯穿制度本身，又着重体现在总结评审环节。它是一种以原定或修正的计划为考评依据，通过对个人或部门工作事项的评估、考核，实施问责制的行政行为。优胜劣汰、奖优罚懒、弘扬先进、处罚落后是实施责任制的目的所在。

落实责任制有两个核心，一是履责，二是问责。没有问责，责任制形同虚设。问责要贯穿到履责的全过程。事前问责是提醒，事中问责是督促，事后问责是诫勉。对认真负责的，要给予奖励和表彰；对失职渎职的，要予以追究和惩罚。只有把责任和责任制统一起来，把履责和问责结合起来，才能确立一种良性的责任导向，增强员工的责任心、培育责任感、提高责任意识。

与此相关的管理书籍有很多很多，在这里，我就不浪费篇幅和时间了。而且这实在是一个很大的命题，我没有办法用简短的篇幅进行讲述，只能建议各位创业者另外多花时间进行系统性的学习。在这里，我只给创业者着重强调一点：公事公办。

在企业管理、团队管理中，创业者一定要摆脱人情的桎梏，即便做不到不讲情面，也一定要赏罚分明。只要是涉及原则的问题，该拉下脸的，绝不能嘻嘻哈哈；该进行追责的，绝不能和稀泥；该执行处罚的，绝不能“蜻蜓点水”。

有的创业者走“群众路线”，与伙伴们称兄道弟。这种做法不一定是错的，但是如果下属犯了错误、违反了制度，自己磨不开情面不了了之，造成的结果就是下属得寸进尺，不拿制度当回事，整个团队管理就有可能逐渐接近失控状态。

既然是工作关系与合作关系，那就要公事公办，规规矩矩照制度来，干不好就要挨罚，不给投机取巧、耍小聪明的人留有空间，这样一来制度的执行才会顺畅。

制度的制定与执行实质上是一个塑造人的过程。严格的制度管理才是对员工的爱与负责任。这一点在后面有专门的章节讲述，这里不做展开。

再讲一个故事吧。还记得我讲过的小F 的故事吗？

小F和他的六个朋友，合伙开了一家从事水利工程服务的公司。开始时，他的朋友们由于不能全职和他一起投入新创的公司，导致在一年之后，公司实施的两个项目不能按进度完工和交付。后来，即便其中两个合伙人全职进入创业团队，也不能扭转局面。再后来，公司资金紧张，由于再融资困难，只能关掉，小F也只能和他的朋友们分道扬镳。

其实在这个过程中，还有更奇葩的故事发生。

小F和他的六个合伙人由于是很长时间的朋友、同学关系，大家出于对他的信任，也因为他具备一定的技术专长，所以其他人的工作完全由他来安排，整个团队处于他的“人治”之下。在公司经营过程中，公司自始至终都没有通过建立相应的管理制度来实现规范化的管理。而他自己也很享受这种模式，当仁不让地把自己当成一个排兵布阵的元帅，负责指挥其他人。在这种工作方式下，整个团队既没有工作上的明确分工，也没有相应的责权利制度安排，他的权力被无限扩大化，责任也没有分解到公司的各个当事人身上。

刚开始情况还好，仿佛一切都在他的掌握中。可是后来，项目遇到了挫折，他的伙伴们渐渐对他的能力失去信心，于是，都不再听他的。在项目实施过程中，由于互相之间的不信任越来越多，他的指挥开始失灵，他的意见也被边缘化，其他人则个个都变成了战略专家和技术专家，自行其是、各自为战。不仅如此，当项目失败的时候，这些人还将失败的责任全部归咎到他的身上，怪他统筹安排不力、指挥不当。

由于管理混乱，公司的进出账款一片混乱，花了多少钱、产生了多少收入、有多少债务、有多少债权全凭他的记忆，完全是一笔糊涂账，既没有完整的账单，也没有存档的凭条。有的股东想在公司清算后拿回属于自己的剩余资金，可是，既无凭条又无文件，数额多少争议不清，想走法律程序都无法举证。最后，他和他的朋友们的交情就此终结。

小F的经历和所作所为，我前所未见，也不希望再见。他基本上把创业过程中所犯的错误全部都犯了一遍，这既有他的人品和能力问题，也有他们这个团队做事的方式和方法的问题。

所以，创业团队在创业时，明确责权利，既是公司管理的基本需要，也是保护创业团队及个人利益的必要手段。

第2章

个人修为

第一节>>>

领导者要有人追随

很早之前，我的一位老师告诉我："领导者要有人追随。"那个时候，我刚刚到一个国企的小分支机构去当负责人，对这句话的理解还不深，后来在经历了很多事情之后，我发现这句话其实有很深刻的含义。现在我把这句话转送给创业者。

创业是一条艰辛的道路，创业者不能孤军作战，必须有一群才能互补、责任共担、愿为共同的目标奋斗的小伙伴们一起砥砺前行。创业团队的凝聚力、合作精神、立足长远目标的敬业精神会帮助初创公司快速成长，渡过危难时刻。团队成员之间的团结合作以及相互之间能力的互补，也能起到降低风险、提高经营水平的作用。

但是，在很多初创公司中，我们往往会看到类似下面的情况：

有的创业团队刚开始的时候合作得挺好的，但是过了一段时间之后，团队成员之间的合作与协调渐渐出现问题，彼此的认同感降低，然后价值观出现分歧，最后发展成了不可调和的矛盾。

有的创业者，总是在埋怨找不到合适的员工，即便觉得某个员工合适，人家也待不久，因此公司始终无法建立一支长期稳定且有战斗力的员工队伍。创业者要么感叹好员工都被别的企业挖走了，要么感叹世风日下、人心不古。

还有的创业者，经常把企业文化建设挂在嘴边，也想了各种办法、采取各种措施来建设企业文化，但是最终效果并不好。企业文化建设流于表面，往往变成为文化而文化，没有起到实质性的作用，甚至在员工眼里变成了一种作秀，表面应付内心却不认同。

出现以上这些情况的原因有很多，有客观的，有主观的；有外在的，有内在的。但在我看过的很多创业公司中，出现以上情况大多与创业者个人的人格魅力有关。创业者对自己的言行举止、品格行为要求不够高，或者与环境不匹配，就有可能出现上面所说的情况：如果伙伴对你不信任，就会对你的价值观产生怀疑；如果员工觉得你不可靠、表里不一，也就不会相信你所传递的价值观，自然会“良禽择木而栖”。比如一个经常迟到早退的总经理，总给员工灌输爱岗敬业的观念，哪个员工会当真呢？

所以，我想告诉创业者的是，作为一个团队的领导者，你对自己的要求是不一样的。如果仅仅作为个人而言，不违法、遵守社会基本道德是最基本的要求。但是，作为一个团队领导，就必须有领导力。领导力可以概括为“给组织带来愿景，并实现愿景的能力”。领导力与领导者的性格相关，也与领导者的人际影响力相关。

“领导者要有人追随”这句话就是领导者对下属影响力的生动概括。如何才能有人追随呢？那就要领导者修炼好自己的品质，也就是我们常说的“修心”“修性”。人生就是一场修行，而作为创业者，需要修行的内容更多。

这一节我们就说说创业者该修炼自己哪些方面的品行呢？在我看来，至少应包括以下几个品质：开放、积极、专业、守信、正直、坚定……

一、开放

创业者拥有开放的心态，可以强化团队的凝聚力、合作精神以及对风险的承担能力。一个拥有开放心态的创业者，才会是一个伙伴和下属愿意与之沟通的人。

开放的心态很重要。它是学习的前提，也是沟通的基础。开放的心态最基本的特征就是不故步自封，对他人包容谦虚。心态开放的人能正确地对待自己、他人、社会和周围的一切。开放的心态是一种强烈的进取心，是一种勇于开拓的奋斗哲学，是一种积极沟通与合作的处事原则，是一种心胸开阔的人生境界。

当今社会，新事物、新方法、新技术、新理论不断涌现，任何一个人，如果不愿意接受这些新的东西，而仅凭已有的知识，在不做深入研究的基础上做判断，往往会以偏概全，甚至会差之毫厘，谬以千里。新的信息和观念也难以进入其原有的认知结构中，更别说运用新信息、新观念去改变原有的认知了，长此以往只会变成“井底之蛙”。

1. 具备开放心态的人的特征

（1）谦虚，知道自己的不足，能正确地对待他人的意见，而且善于和他人交流；

（2）对自己的专业和周围的世界都怀有强烈的兴趣，喜欢钻研和探索；

（3）具有极强的适应性，乐于接受新的思想和新的经验，热爱创新，不墨守成规；

（4）具有宽广的心胸，敢于面对任何否定和挫折，愿意听取不同的意见，不畏惧失败；

（5）乐于承担责任和接受挑战。

2. 创业者保持开放心态的好处

（1）可以保持强烈的进取心，通过不断探索去改变现状；

（2）可以保持强烈的兴趣去理解所接触的人和事物，不断汲取新知识；

（3）可以保持活力，为团队营造良好的、互动的氛围，凝聚众人的力量；

（4）可以保持适应能力，能够快速适应新的状况、新的环境；

（5）可以保持快速的成长能力，让自己更加强大；

（6）可以保持创新能力，不断扩大知识范围，为创新做好知识储备。

3. 创业者如何保持开放的心态

（1）要善于倾听。接收对方的信息时，不要先做判断，否则很多信息进不了你的大脑，尽量大胆接收，再小心求证。

（2）要谦虚。不要被自己固有的知识结构所局限，要敢于否定自己的故有认知。无论别人说得对不对，都可以兼容并蓄、博采众长。

（3）要有气量。也许别人说得不好听，但是不一定没有价值，记住“忠言逆耳利于行，良药苦口利于病”。

二、积极

创业者要保持积极的心态，做一个饱含正能量的人。积极的心态是人生的太阳，可以照亮我们的生活，使我们的生命更灿烂，也可以让我们的团队更加自信、更加有活力和战斗力，而不会轻易被困难和挫折击垮。

积极的心态是一种对人、事物或环境所持的具有建设性的思想、行为或反应，是 "我能"而且"我会"的心态。拥有积极心态的人在看待问题时，既考虑到积极的一面，也能考虑到消极的一面，但主要强调积极的一面。成功学里有一个公式：成功=目标+行动+坚持+积极的心态。始终如一的积极心态，是成功的必备品质。

1. 积极心态的内涵

（1）坚定执着。对个人、企业和团队的目标、价值观秉持坚定不移的信念；

（2）满怀热情。对自己的工作及公司的产品、服务、品牌具有强烈的感情和强烈的成功欲望；

（3）主动工作。随时可以挺身而出，积极迎接新任务，而不是被动应付；

（4）积极行动。全心全意完成工作或处理事务，全力以赴地投入，不消极等待、不疲沓拖拉；

（5）不怕挑战。把失败和问题看作成功必须经历的过程，遇到问题和困难不轻易放弃，而是从实际出发，求变创新；

（6）正视现实。敢于承担责任，不逃避，努力寻找解决方案和机会，不管过程是愉快的还是痛苦的；

（7）独立自主。有强烈的自尊心和自信心，相信自己的能力，积极思考，有建设性的作为，不依赖别人；

（8）不回避错误。犯了错误，愿意承认并积极改正，抛除抵触情绪，认真反思；

（9）不盲目乐观。保持低调，经常反思自己的不足，防患于未然。

2. 积极的人表现出的特征

（1）面带微笑。用快乐的心态面对工作和生活，善于发现工作中的乐趣；

（2）乐于分享。愿意分享自己的知识和经验，愿意帮助并成就他人；

（3）富有激情。积极向上，具有充沛的精力，并且富有创造力；

（4）善于沟通。善于表达自己的意见，也善于倾听他人的看法；

（5）信赖他人。相信他人和集体，对不可控的未知有自信心；

（6）冷静从容。能够控制自己的情绪，不抱怨，不发牢骚，不会把不良情绪带到工作中；

（7）期待成功。相信自己、相信团队，有强烈的成功欲望。

创业者时刻保持一种积极向上的精神风貌，不仅对自己的工作状态有正面提升作用，对团队也会有一种正能量的传导作用，强大的“正能量传导”会提升整个团队的战斗力。

三、专业

对于团队成员来说，创业者的专业性意味着可信赖。没有人愿意在一个知识业余、业务外行的人的领导下工作，尤其是一个创业团队和初创公司，在没有什么具体的业绩可参照的情况下，创业者的专业能力是大家信心的主要来源。

专业能力是个体将所学的知识、技能和态度在特定的职业活动或情境中进行类化迁移与整合而形成的，是个体能完成一定职业任务的能力。

专业能力包含以下几个方面。

（1）专业知识

创业者在所属行业和项目上具备的专业知识，包括产品、技术、营销知识，也包括企业管理、财务和法律等方面的知识。

（2）个人素质

包括爱岗敬业、对工作负责的职业道德，和讲诚信、遵守社会公德、对他人公正宽容的社会责任心等。

（3）管理能力

包括内省能力，获取与分析信息、整合与利用资源、了解与分析行业环境的能力，制定工作计划、决策和实施的能力，从成败中汲取经验教训的能力等。

（4）社会能力

包括人际交往和沟通的能力、处理各种冲突的能力、自我评价以及评价他人的能力、准确判断事物的能力、在工作中协同他人的能力等。

概括地说，专业能力主要包括知识和能力两个方面。知识又包括输入和输出两个方面，指既要有专业的知识储备，又要把这些储备的知识运用出来；能力指运用这些知识高效、准确地解决实际需求和问题的能力。两者相比，最重要的是能力，即便大家储备的知识是相同的，但将所学的知识发挥出来的方法和产生的效果也是因人而异的，这也就是专业性的体现，这就要靠平时经验的总结和积累了。

创业者想要在团队中树立自己的威信和号召力，就必须具备一定的专业能力。

四、守信

创业者要做一个别人愿意信赖的人，最重要的素养之一就是守信，即不要轻易许以承诺，宁愿不承诺，也不要承诺了做不到。很多创业团队的员工队伍不稳定、士气不高涨，很大一部分原因就是创业者在某些时候说话不算数，失去了下属对其的信任。

对于一个创业团队和初创公司来说，靠什么来维持众人的信心和激情呢？最主要的就是共同的梦想和目标。这个梦想和目标规划了一种愿景，包括荣誉感、成就感以及个人的远期利益，也正是这种对未来的愿景凝聚了当下的力量。可是，如果在远期愿景尚未实现的时候，创业者就表现出言而无信的作风，那谁还会笃定这个远期愿景和利益会与自己相关？谁还会把这个团队的梦想当成自己的梦想呢？恐怕到最后除了创业者自己，其他人都会变成旁观者。这样的创业团队还有什么战斗力可言？还有什么荣誉感和价值观可谈？所以，守信是创业者最需要坚守的品格之一。

在很多情况下，创业者给出承诺是为了激励下属和团队。但是激励的方式有很多种，比如，榜样激励，可以树立标杆；荣誉激励，可以让人感到尊重；

感情激励，可以让人感到温暖；危机激励，可以让人感到压力，等等。而物质激励和晋升激励是需要创业者慎重对待的，因为这两个往往是引发兑现问题最多的方法，因此创业者不要轻易许诺，一旦许诺，就要办到。

另外，在很多业务层面，尤其是创业者自己不清楚的地方，千万不要想当然地承诺会给什么资源和支持，一定要把问题搞清楚之后再做决定。对业务或者市场的支撑需求，如果轻易给出承诺，最后又因为能力或者资源问题而不能兑现，不仅对下属是一种打击，对创业者自身的专业形象和信誉也是一种伤害。这也是管理经验不足的创业者常常不注意的一个细节。

如何减少或者避免不守信的情况发生？我认为可以从下面几个方面入手：

（1）规范奖惩制度；

（2）规范绩效考核制度；

（3）规范职务升迁决策流程；

（4）落实分层管理，高级管理人员不得越过中层管理人员做决定；

（5）落实制度管理，避免“人治”；

（6）管理人员要管好自己的嘴，不要轻易许诺；

（7）努力提高自身的管理素质，这也是很重要的一点。

五、正直

只有品行端正的人，才会获得别人的尊重。

有些创业者，无论原来从事什么职业、处于什么岗位，现在自己创立了一个公司，摇身一变就成了管理者，便感觉重权在握，进而变得飘飘然起来，找不到自己的位置，也称不准自己的分量，品行中的一些弱点就暴露出来了。我曾经看到过这样的创业者，成了公司的管理者之后，业绩不怎么样，架子倒不小。员工来汇报工作，他嘴里嗯嗯啊啊，不拿正眼看人，姿势松松垮垮，很不尊重别人。这样的人还能够带领团队打胜仗吗？

我还见过有的创业者，原本就有一些不良嗜好，比如打麻将、玩夜场、好喝酒……现在自己当老板了，不用再受他人的约束了，不仅没有加强自我要求，反而变本加厉，更加放纵自己，酒池肉林、莺歌燕舞、招蜂引蝶、生活作风不检点……员工看在眼里，又怎么能跟着这样的领导努力拼搏呢？

创业者一定要明白，创业是必须有所牺牲的，如果不能全身心地投入到创业过程中，那就不要浪费时间、精力和资金，还不如好好享受生活。

创业者，首先要做一个正直的人，这样才会得到下属和团队的尊重。正直，体现在工作作风上，就是务实、守纪、恪守职业道德和职业精神；体现在生活作风上，就是洁身、克欲、维护自己的形象。创业者要“慎言、慎行、慎独、慎思”，做到严以修身、严以律己，否则，就会在放纵中迷失自我，与创业的梦想背道而驰，最终会给自己和团队带来严重的负面影响。

古人说：“百行以德为首”“德者本也，才者末也”“其身正，不令而行；其身不正，虽令不从。”创业者，一定要堂堂正正、光明磊落，做人要正直、说话要公道、做事要公平公正。《礼记·中庸》上讲“在上位，不凌下；在下位，不援上。正己而不求于人，则无怨。上不怨天，下不尤人”，这是古人对“正直”这个词一个很恰当的诠释，同时也应该是创业者的修身之道、立身之本。

“格物、致知、诚意、正心”，然后才能谈得上“修身、齐家、治国、平天下”。

六、坚定

创业者的成长过程，是一个不断受到质疑和挑战的过程。创业者拥有坚定的信念，是给团队的最好激励。英特尔公司原董事会主席安迪·格鲁夫说过："只有偏执狂才能生存。"这里的"偏执狂"可理解为专注、有恒心、有毅力的人。

只有拥有坚定信念的人，才能耐得住寂寞，才能慎独自省。创业者拥有坚定的信念，就可以做到：

（1）目标明确，并将它转化为团队的行动力；

（2）充满热忱，不断产生兴奋感和挑战欲望；

（3）顽强拼搏，下定决心去实现想要的结果；

（4）相信自己，并且在别人面前表现出这种自信心；

（5）宠辱不惊，从容优雅，不受干扰，坚持行动。

拥有坚定信念的人，才会被视为中流砥柱。创业者，一定要让伙伴时刻看到你眼睛里的坚定、内心的热情和光芒，以及身后"隐形的翅膀"。

开放、积极、专业、守信、正直、坚定，这是创业者作为团队领导者，应该具备的几个品质。当然还有很多要求是这里没有讲的，需要创业者在实际的工作过程中，自我激励、自我鞭策，不断地提高自身的修养，完善自己的个性和品行，让自己成为下属愿意追随的人。

第二节>>>

行动力

现在市面上有很多关于“力”的书，比如《影响力》《领导力》《思考力》《成长力》《竞争力》……而与每一种“力”相关的书又往往不止一本。就拿影响力来说：最有名的是亚利桑那州立大学心理学教授罗伯特·B·西奥迪尼所著的《影响力》，这本书主要围绕社会心理学讲述影响力，其中也包含商业社会的道德、伦理和政策等内容；由美国罗普公司CEO艾德·凯勒所著的《影响力》，是一本关于营销策略的书籍，主要讲述营造口碑营销影响力的系统方法；国内有一本名叫《影响力的博弈：有影响实力自然有管理力》的书，由谭小芳著，主要是从企业管理者塑造管理能力的角度阐述如何提升个人影响力的。

这三本书都与企业经营相关，我推荐创业者抽时间读一读。但是在这一节，我们不讲影响力，而要讲行动力。

为什么要单独拿出来讲行动力呢？硅谷投资人本·霍洛维茨在《创业维

艰》这本书里说过："在担任CEO的8年多时间里，只有3天是顺境，剩下的8年几乎全是举步维艰。"在这种举步维艰的境地里，创业者要如何克服恐惧和挫败感呢？"行动是治愈恐惧的良药，而犹豫拖延将不断滋养恐惧。"

所以行动力是创业者最重要的一项能力，它能给创业者带来不灭之光、不死之心，无论遇到什么挫折和困惑，都可以此为良药，"起死回生"。

但是，我见过很多创业者，想得多、做得少，如列宁所说："思想上的巨人，行动上的矮子。"这种行事风格，即便在我们日常的生活、工作中，也不是什么好作风。

有一位中学生，曾经给杨绛先生写了一封长信，表达自己敬仰之情的同时，也倾诉了人生的困惑。杨绛先生给他回信，除问候和鼓励之外，信里其实只写了一句话，诚恳而不客气："你的问题主要在于读书不多，而想得太多。"

很多人都喜欢"思考"，相比于埋头苦干，"思考"可以毫不费力，可以天马行空、神游寰宇，然而，因为内心没有什么东西，想来想去，也没有什么实际的意义，既参透不了未来，也充实不了当下，于是便越想越空虚，越空虚越迷茫。后来，有人将杨绛先生的这句话做了扩展："读书太少，以为眼前就是全世界；想得太多，过度思考就会变得很消极。"我深以为然。

对于一个中学生来说，"思考"是"不读书"的挡箭牌。对于一个创业者来说，"思考"是"不行动"的挡箭牌。但在当今这个商业社会中，如果你希望争得一席之地，就必须果断行动、高效工作。

从管理学的角度来说，行动力是指策划战略意图，同时能够去突破自己，对自己想做而不敢去做的或者是自己认为能力不足的事，制定计划后就下定决心一定要完成。对于个人而言，它就是自制力；对于团队而言，它就是领导力。创业者如何提高自己的行动力？我觉得应从以下几个方面入手。

一、撸起袖子干

在我们周围，高谈阔论、侃侃而谈的人多，埋头苦干的人少。创业者想改变世界，就要少空谈、少空想、多实干，就像习近平主席在2017年的新年贺词中所说的：“撸起袖子加油干！”

1. 撸起袖子干，是一种力量

心中有了计划，就不要拖延。人都是有惰性的，谁都不愿意离开自己的舒适区。早上睡到自然醒，当然比7点起床8点到办公室要舒服；坐在办公室吹空调，当然比在外面日晒雨淋地拉客户要舒服……但是，创业者必须有一种自制力，能不断地把自己从舒适区里拖出来，逼迫自己采取行动。我曾经给自己拟定了一个评分表，如果某一天我觉得过得挺舒服，我会在表中扣一分，那就意味着我浪费了一天的时间。最后每个月、每个季度、每一年结束时我都会以此统计我浪费了多少天的时间。用这种近似自虐的方式，实际上就是在不断提醒自己“不日新者必日退”！

2. 撸起袖子干，是一种态度

说得好不如干得好，喊破嗓子不如甩开膀子。撸起袖子就是告诉自己要卖力干活，同时也告诉别人“我要开工了”！这是一种态度！西点军校有一句名言：“态度决定一切。”态度是行为的先导，什么样的态度就决定了什么样的行为。也许在之后的过程中，我们会碰到各种各样的困难、挫折，但是只要敢于迎难而上，就必定能离目标越来越近！“为有牺牲多壮志，敢教日月换新天！”

3. 撸起袖子干，是一种激励

通常情况下，公司的企业文化，都是创始人的个人作风在公司内部的一种投射，强将手下才能无弱兵。撸起袖了干不仅是创业者个人的行动准则，也是培养公司文化的需要。能撸起袖子干的团队领导者，对团队成员来说也是一种激励和榜样。

4. 撸起袖子干，是一种职业精神

撸起袖子干是对工作、对职业的尊重。人生的价值之一就是敬业、乐业。人无精神不立，国无精神不强，何况作为一个创业者，必须摒弃投机取巧的思维，要尊重自己的职业、尊重自己的梦想，要用实干成就自己的荣誉、不断开拓前进，如此才能取得事业成功。

二、快速行动

阻碍快速行动的因素通常有犹豫不决、压力不够大、舒适区吸引力太强、不恰当的情绪等。当犹豫不决时，我们可以将工作分解成一个个具体的步骤。在这些步骤中，有的是已经确定的，有的是还不太确定的。那么，我们就先将确定的部分处理掉。之后，也许出现的结果就可以指引不确定的部分；即便还不能确定，我们也可以选择一个方向进行尝试，如果尝试后发现走不通，那么至少也帮我们去掉了一个错误的选项。

当你觉得压力不够大时，不如想得更长远一些，比如想想假如这种不能往

前推进的状况持续较长的时间，会对公司产生什么样的结果？这种结果将会带来多大的损失？以此来给自己压力，逼迫自己必须尽快行动起来，而不被眼前的安逸状态所迷惑。我通常采取的方式是给自己提问题：如果这件事做不好，会浪费多少钱？客户会不会跑？团队会不会失去信心？别人会不会看不起我？我会不会感到恐慌？我会不会再也买不起某件东西……一般情况下，问了几个问题之后，我自己就坐不住了。

当舒适区的吸引力太强时，我就给自己想象一个更有诱惑力的情景。比如，早上不想起床时，我会问自己，给你500块起不起？如果500块不够，5000块起不起？再比如，不想走访客户时，我就问自己，一个5万元的合同有没有兴趣？50万的合同有没有兴趣？如果我愿意为500块起床，愿意为5万块的合同走出去，那为什么还不行动？马上行动不就是在为500块的收入和5万块的合同努力吗？当给自己设想一个更舒适的区域时，你就会有行动的动力。

当有不恰当的情绪时，每个人的处理方式是不一样的。有的人会自我控制，而有的人则难以摆脱不良的情绪。我的建议是：当情绪不高时，去运动，先跑个5000米再说，用运动促使内啡肽分泌，它能使人感到快乐和充满活力，运动越多，这种感觉就越强烈。

三、相信“实践出真知”

马克思在一八四五年就提出：“人的思维是否具有客观的真理性，这不是一个理论的问题，而是一个实践的问题。人应该在实践中证明自己思维的真理性，即自己思维的现实性和力量，自己思维的此岸性。”

这句话放在创业行动中，可以理解为：创业者，不要总是担心自己的想法是不是正确，它不能通过某些理论来证明，而是要经过实践来证明。只有经过实践的检验，才能证明自己的想法是否正确。

创业者要笃行“实践出真知”的原则。创业者在任何时候，都不要怕犯错误，不要怕自己的经验不足，更不要担心未来的不确定性。只有采取行动，才会有答案。

创业之路本身就是一条试错之路。所谓成功就是在不断的试错之后找到正确的路，所以创业者不要怕犯错误，心中想到的就要落实到行动上。当然，创业者自己的想法，也必须是经过深思熟虑的，至少是用自己的知识体系作为决策支撑的，而非鲁莽行事。

创业者也不要怕经验不足。经验都是累积来的，是靠学习来的，而人的潜力、资质、领悟力往往又是经验不足的有力补充。没有人一生下来就知道那么多事，哪件事不是通过学习得来的呢？创业者要充分利用自己的天赋去弥补自己经验上的不足，随着实践活动的增多，经验的积累只是时间问题。

创业者更不要担心未来的不确定性。人生有两件事最无意义，一是为过去的事情后悔，二是为未来的事情担忧。把对未来的担忧变成现实的行动，不仅可以化解心中的困惑，更可以体会到探索未知的快乐。

所以，相信“实践出真知”，立刻行动，是享受创业乐趣的重要途径。

四、相信成果是最好的激励

对于创业团队成员来说，什么是最好的激励？有人说是物质类的奖金，有人说是精神类的表扬。美国心理学家亚伯拉罕·马斯洛于1943年在《人类激励理论》中提出了马斯洛需求层次理论，他将需求分成生理需求、安全需求、爱和归属感的需求、尊重的需求、自我实现的需求五类，依次由较低层次到较高层次排列，如下图。

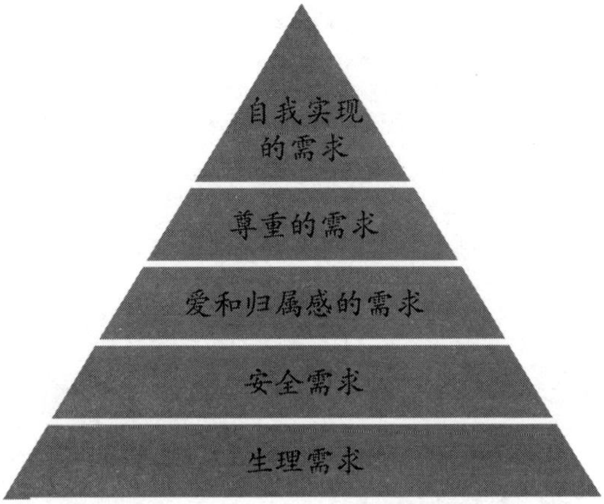

其中，自我实现的需求是最高层次的需求，是指实现个人理想、抱负，发挥个人的能力到最大程度，达到自我实现境界，既接受自己也接受他人，解决问题能力增强，自觉性提高，完成与自己的能力相称的事情的需求。也就是说，人必须从事自我感觉称职的工作，才能感到最大的快乐。

物质类的奖金满足的是第二层次的需求：安全需求，精神类的表扬满足的是第四层次的需求：尊重的需求。而在创业过程中，通过不断采取行动并取得成果，让团队成员不断地产生成就感，满足的是第五层的需求：自我实现的需求。

不积跬步，无以至千里；不积小流，无以成江海。所以，创业者一定要行动起来，带领你的团队在通往目标的路上前进，将一个又一个小的成就，积累成大的成功；同时通过一个又一个小的成就，给团队成员带来激励，让他们不断享受自我实现的快乐。这样的创业团队必然是充满朝气、充满激情、充满信心、具有战斗力的团队。

五、善于总结经验

经验的总结和积累对创业者是非常重要的，工作能力的提升其实就是经验在积累过程中形成的质和量的转化。

第三节>>>

亲力亲为

企业管理有各种方法论，对于这些管理方法，不同的人有不同的看法，比如就“管理是亲力亲为好，还是放权好”的问题，不同的人、不同的团队、不同的行业、不同的管理层级，对此的看法都不相同，即便大家在一起争论，也会因为论据和论点都不同，从而得出不同的结论。站在不同的角度看，这些看法说得可能都有道理，产生差异的关键就在于所处的阶段和环境不同。

对于一个初创小公司来说，我认为创业者在创业的初始阶段，应该尽量亲力亲为。当公司发展到一定阶段、团队的综合能力发展到一定水平、公司的运行模式也比较稳定之后，创业者再考虑抓大事、放小事。当然在亲力亲为这个阶段，创业者也要非常注意培养下属独立做事的能力，亲力亲为的目的之一也是为以后的放权打基础。

我建议创业者在创业的初始阶段尽量亲力亲为。为什么要这么做？有哪些细节需要注意呢？我认为主要有以下几点考虑。

一、“新”是创业公司的基本特征

作为一个初创公司，“新”是最基本的特征：产品是不是新的？队伍是不是新的？公司管理制度是不是新的？市场是不是新的？客户是不是新的？商业模式是不是新的？只要是新的东西，就必然需要一个成熟的过程。这个走向成熟的过程，需要经过打磨、调整、优化、扬长避短等阶段。这样的事谁能做？只有创业者自己能做。

1. 新产品

一个新的产品，如果是一个实物产品，通常需要经过产品论证、产品设计、调试、小批量试产、优化工艺、正式生产、升级等阶段；如果是一个软件产品，通常要经过概要设计、系统架构、详细设计、代码实现、试用、升级迭代等阶段。

新产品与已有产品的差异化特征，往往是创业者启动创业项目的动力和原因。如何在产品实物上体现出这种差异，就需要创业者把脑海里的理念，完完整整地落实到具体的实物上，此时，能够完全理解并勾画出产品模型的人，只有创业者自己。

而在产品的设计阶段，不仅要考虑产品形态的独特性，更要考虑其生产或者运营成本，比如如何选择硬件产品的供应链、如何搭建软件产品的运营平台等。这些方面往往决定了产品的生产成本和运营成本的高低，更长远地看，也决定了产品盈利能力的高低。这些重要的事项，必须由创业者亲自参与并作出决定。作为创业者，不要指望你的产品经理会帮你考虑成本，一般来说，他只希望做出最高大上的产品，以证明自己的能力，但你要知道，最高大上的不一定是能赚钱的！

2. 新队伍

创业公司的团队，包括创业团队和员工团队，在通常情况下这些团队都是新组建的。一个新组建的团队，人员来自各行各业，具有不同的教育背景、工作经历，要想尽快形成战斗力，就需要创业者在不同的员工之间求同存异、传递信念、描绘蓝图、整合团队的价值观、凝聚所有人的力量到公司的整体目标之下。这样的工作既烦琐又重要，不要指望你的HR经理去做，最起码他（她）描绘的美好愿景绝对没有你自己描绘的令人神往。

除了整合信念和目标，创业者还要自己去了解每个人的工作能力、长处、性格特点，这些光靠阅读应聘简历是远远不够的。创业团队的成员必须个个是精干，一个萝卜一个坑，要能独当一面。某一个岗位上专业能力的缺陷，往往就会导致整个团队运行效率的降低，甚至会影响产品的最终质量。如何在早期发现这类缺陷呢？这就需要创业者多和团队成员泡在一起，多问、多观察。

在一个创业团队里，没有什么比找到最合适的人更重要和更有价值的事了。

3. 新管理制度

管理制度是确保一个团队正常运行的基础，更是提高团队运行效率的润滑剂。有的创业者在创业之初随便从网上下载一些制度模板，就将其作为公司基本的制度执行。这种做法不能说不对，毕竟那些制度是通用的，而且是其他公司的经验总结，有一定的可取之处。但是创业团队一定要有自己独特的管理方法，要紧密地配合公司的远期愿景和整体目标。别的不说，就说与产品生产制造相对应的生产管理流程，照搬是绝对不合适的。

我在前期的创业过程中，就遇到过这类问题。当时我在做一个基于手机APP的创业项目，由于对手机软件开发平台和技术架构不够了解，我采用了基于电脑软件的软件开发流程，结果导致软件开发周期延长了2个月的时间，不仅浪费了时间，也浪费了资金。

4. 新市场

一个创业公司，在任何情况下，面临的都是一个新的市场。微观市场的构成包括三个要素：

（1）人口，包括总人口、性别和年龄结构、职业和文化程度、地理分布等因素。

（2）购买力，是人们支付货币购买商品或劳务的能力。购买力受到人均国民收入、个人收入、平均消费水平、消费结构等因素的影响。

（3）购买欲望，指消费者购买商品的愿望、要求和动机。它是把消费者的潜在购买力变为现实购买力的重要条件。

创业者在销售自己的产品时，必须对以上三个市场要素做清晰的调研，不能仅凭感觉或者道听途说。我见过许多失败的创业者，他们创业的动机往往来自一个自己臆想出来的市场需求和市场规模，做到最后才发现失之毫厘，谬以千里。

任何一个好的创意，一定要经过市场的检验，才能进行大规模的投入。而这种检验过程，必须创业者自己去做、自己深入市场，才能获得完整、准确的信息，并做出正确的判断。

5. 新客户

任何一个创业公司，其客户规模都会经过从无到有、从小到大的过程。在这个过程中，有许多机会和问题是需要深入了解才能看得到的，比如产品的销售脚本、切入方式、演示流程，不同的方法会得出不同的结果，好的方法可以起到事半功倍的作用，创业者只有亲自参与，发现了这些机会和问题，也才能找到很好的办法。

我曾经做过一款提供给社区便利店使用的APP软件，以提高他们的现金周转率并降低他们的库存。在产品的地面推广阶段，我发现在不同的时间段上，软件装机成功率有很大的差别。成功率最高的时候是晚上7～9点这个时间段。为什么呢？因为晚上7～9点还在开门营业的便利店，是最想赚钱的那一部分便利店，他们对如何省钱最有兴趣，只要是能帮他们赚钱的，他们都愿意一试。同样的，将这个产品推广给婚纱影楼的时候，我也发现要找到这些机构的负责人才会有比较高的推介成功率。那什么时候才能见到负责人呢？要在周末。因为周末是他们店面客人最多的时候，通常客人多的时候，负责人才会亲自待在门店里。这些情况，如果创业者不亲自到一线，是不会发现的。晚上和周末，员工已经下班休息了，他们是不会在这个时间主动去接触这些客户的。

6. 新商业模式

商业模式通常是创业者创业创意的核心部分，现在通常被比喻成“羊毛出在牛身上猪来买单”。商业创意来自丰富的市场机会，如果其中的某一项机会通过创业者的思考实现逻辑化，产生商业价值，就变成了商业模式。而商业模式通常包括分销渠道、客户关系、资源配置、核心能力、价值链、成本结构、收入模型、裂变模式等核心要素。

比如分销渠道，不同的产品有不同的销售渠道，代理、分销、直销……它决定了公司用来接触消费者的各种途径。

比如资源配置，它决定了公司资源和经营活动配置的匹配度，好的资源配置方式，可以让创业公司把有限的资金用在刀刃上。

如果创业者不去接触渠道，不去一线了解渠道费用的使用效果，怎能做好渠道培育和资源配置呢？其他要素也是同样的道理。

所以说，创业者在创业时，面对这么多新东西，如果不亲自去摸索，是很难准确找到成功之路的。

二、信息的价值

信息是信息社会最重要的生产要素之一。对于创业者来说，信息同样非常重要。所以我要专门讲述信息资源在创业过程中的重要性。

前面讲过“新”是初创公司的最基本特征，公司在发展的过程中，需要经过打磨、调整、优化、扬长避短等阶段。所以创业者必须深入其中，通过实践不断完善公司发展的方方面面。

在这一部分，我将重点讲信息传递对公司发展的影响。其实信息传递问题是所有公司的管理过程中都存在的问题，无论这个公司是“巨无霸”，还是“小虾米”。只是成熟的公司有一套解决这类问题的机制，同时它们的抗风险能力较强，并且有足够的成本来修正信息传递的偏差，因此其受到的影响较小。

而对于初创公司，因为一切都是新的，管理机制尚未完善，抗风险能力也较弱，不当的信息传递可能会导致资源配比、战略选择产生偏差。为了防止千里之堤溃于蚁穴，创业者个人要具备相应的管理意识。

以产品销售过程中的信息传递为例，信息传递过程至少包括五个要素。

（1）传递人。通常是销售人员，由他传达信息去影响、说服客户。其效果一般取决于三个因素：信息的专业性、可信性和可理解性。专业性是指信息要具有专业水准；可信性是指信息要真实，具有说服力；可理解性是指信息要容易懂，不会引起客户的误解。

（2）译出。销售人员要把信息传达给客户，就要考虑运用什么方式传递，使客户得到正确的信息。这就涉及销售人员的销售脚本的编制和辅助性的销售工具的使用。比如销售人员要具备较好的语言表达和随机应变能力，要使自己的语言、口吻、态度更符合客户的要求；同时，样品展示、产品演示、使用示范等辅助方法可提高信息传递的完整性。

（3）传递途径。产品信息的传递途径有很多种，比如销售人员与客户直接面谈、由专家组织宣讲会、客户群中的口碑传播、媒体广告等。

（4）译入。销售人员将信息传递给客户以后，客户有一个理解、吸收信息的过程。如果客户听到或看到某种产品后，他的理解与公司想要表达的意图基本相符，那么这种信息传递就是成功的。

（5）反馈。公司通过市场研究，了解信息对于客户的影响，了解潜在客户对这一产品的态度有没有变化，了解客户是否有购买行为。根据反馈得到的信息，管理者再来决定是否调整销售策略。

以上五个步骤构成一个完整的销售信息传递过程。从上面的过程可以看出，创业者在公司的初始阶段，应认真思考以下几个问题：

（1）如何保证你的销售人员能有效地传递信息？

（2）如何让你的销售脚本和销售工具能达到预期的效果？

（3）如何能让销售方式达到最好的投入产出比？

（4）如何让你的客户更好地理解你的产品？

（5）如何有效地接收客户的反馈？

这些问题的有效解决方法之一，就是创业者自己深入一线，不断地去发现问题、解决问题、优化各项措施。只有过程正确，才能保证结果正确！

上面我提到的那个提供给社区便利店使用的APP产品，在刚开始组建销售团队的时候，我就遇到很多问题：

刚开始，由于销售队伍不成熟，而我又把大量的精力放在了开发迭代的工作上，所以销售情况不如我的预期。我问销售团队："为什么装机量达不到预期呢？"有一个销售人员就说："客户反映这个APP的定位不太准，所以不愿意装。"其他销售人员也附和说，这个问题比较严重，确实影响了装机量。我就告诉研发团队一定要解决这个问题。研发团队使用不同的地图软件测试后，回复我说："定位比较准确，可以达到商用标准。"我就对销售人员说："你能不能带我和研发经理去反映这个问题的客户那里，我们面对面谈一谈是什么情况？"销售人员带我们去了几个客户那里，结果每个客户都说对这个产品还不是很了解，所以还没使用。我就问这个销售人员："为什么反馈的情况和我们调查的情况不一致？"销售团队仔细分析之后，发现真实原因是：他们在给客户介绍这个产品时，一般首先推荐的功能都是基于LBS功能的，那些不愿装机的客户，通常都是在这个功能上找个借口就把他们打发走了。后来，我下定决心，将技术活交给研发经理去做，自己去到一线，去掌握市场一线的信息。

在我成为一名销售人员之后，我又发现，客户的装机率比较低还有一个原因，就是销售人员急于提高装机量，所以每天有90%的时间都花在了走访新客户上，只有不到10%的时间用来回访老客户。每个客户只走访一遍，怎么可能提高成交率呢？

如果我自己不做销售人员，是发现不了问题的实质的，并且至少会带来两个后果：一是会浪费时间和资源去让技术部门查找软件定位功能的问题；二是会浪费人力成本去增加销售人员，而不是改进销售人员的工作方法。

上面以产品销售过程为例，讲了信息传递的有效性在初创公司的重要价值。其实在产品的研发、人力资源的管理等方面，关注信息的传递过程也同样重要。

所以，从信息传递的角度来说，创业者亲力亲为也是完善公司治理、优化公司结构、优化资源配置的需要。

三、表率的作用

这一点，我相信很多创业者已有共识，这里不展开说。

西方管理学家帕瑞克说：“除非你能管理‘自我’，否则你不能管理任何人或任何东西。”中国也有句老话：“得人心者得天下。”

在一个创业团队里，创业者就是领导。领导者以身作则，下属就会自觉追随。要成为一个好的领导者，创业者首先要为员工们树立一个良好的榜样。言传不如身教，行为比语言重要。领导的力量，不是由语言而是由行为体现出来的。创业者是众人的榜样，只有通过以身作则来影响下属，管理起来才会得心应手。

领导者都非常希望有一支高素质的员工队伍。反过来，员工们也希望自己的领导者能有所担当。其中担当之一，就是以身作则，身先士卒，只有这样，员工们才会感到有保障、有奔头、有信心。一定程度的亲力亲为，就可以给员工树立表率。有些创业者觉得自己创业了，当老板了，自我感觉很好，于是事还没做好，谱倒先摆起来了，整天坐在办公室当“佛爷”，如此创业，儿戏罢了。

四、适度很重要

上面我们主要讲了创业者要亲力亲为，但实际上，亲力亲为也要适度，并不是所有的事创业者都要亲力亲为，有些事情是一定要放权去给别人做的。比如自己很熟悉的事，就可以交给别人去练手，自己只需要把控过程即可；再比如专业性很强的事，创业者最好也不要乱插手，静静地做个学习者盯着结果就好；还有就是可以分步骤、分阶段做的事，最好让团队成员和你一起来做这件事，每一个人负责某一部分或者某一阶段，这样做既可以培养团队的合作意识，也可以借机观察每个成员的协作能力；另外简单且有规律的事，比如打扫办公室卫生、缴纳社保、向税务局报税、在网上发布信息等，这些事就交给行政或者财务人员处理吧，毕竟创业者的精力是有限的。

在亲力亲为的前提下，适度的放权会让团队成员觉得你相信他们的能力，相信他们愿意学习和成长的决心，相信他们愿意为公司做出贡献的心理。这些方面的技巧，在后面的章节中会详细说到。

另外，还有很重要的一点是，创业者在亲力亲为的时候，一定要把准备培养的后备人才带在身边，随时进行言传身教。因为创业者不可能时时刻刻都能亲力亲为，公司在发展，创业者将会有更重要的事情要做，且团队也需要成长，只有不断培养出可以接替自己工作的人才，团队的整体战斗力才能提升。亲力亲为的过程，也是逐渐把工作交出去的过程。亲力亲为是为了完善公司管理、贯彻创业思路、打造创业文化、培养创业团队。

第四节>>>

情商比智商重要

情商，全称是情绪商数（Emotional Quotient，简称EQ）。1995年《纽约时报》科学记者丹尼尔·戈尔曼出版了《情商：为什么情商比智商更重要》一书，他也因此被誉为“情商之父”。丹尼尔·戈尔曼教授认为情商主要包含以下五个方面。

（1）了解自我：监视自己情绪时时刻刻的变化，能够自我察觉某种情绪的出现，观察和审视自己的内心世界，它是情商的核心，因为只有认识自己，才能成为自己生活的主宰；

（2）自我管理：调控自己的情绪，使之适时、适度地表现出来；

（3）自我激励：能够依据活动的某种目标，调动、指挥情绪，能够使人走出低潮、重新出发；

（4）识别他人的情绪：能够通过细微的信号，敏锐地感受到他人的需求与欲望，这是与他人正常交往、沟通的基础；

（5）处理相互关系：妥善处理人际关系，掌握调控自己与他人情绪反应的技巧。

对于企业管理者而言，情商是领导力的重要构成部分。高情商的人能够清醒地把控自己的情绪，敏锐地感受并有效反馈他人情绪的变化。高情商的人善于营造一个有利于自己生存的宽松环境，建立一个属于自己的交际圈，创造一个能更好发挥自己才能的空间，可以充分而又完善地发挥其所拥有的各种能力。所以我们通常也说智商决定成长的高度，情商决定发展的宽度。

智商与情商有一个很大的不同，那就是智力是由遗传基因控制的，人为无法改变，而情商则与后天的培养和修炼息息相关，高情商是可以通过后天的培养与修炼达到的。回到本节的主题，我结合自己的经验，对创业者如何在公司管理中表现出较高的情商，给四个建议，供大家参考。

一、不要自以为聪明

创业的人一般都比较自信，这种自信是他们走向成功的基础。自信的人有很多优点。首先，自信的人的自我认同感比较强，对自己的能力、专业知识比较肯定，从情感、意识、行为等方面更加容易接纳自己，从而拥有一种积极进取的心态，激励自己去发挥特长，以达到目标。其次，自信的人解决问题的能力更强，当面对问题或者困难时，更容易表现出对自己作出的决定或判断的认可，即便处于挑战性很强的环境中，也能不畏惧挑战、迎难而上。第三，自信的人更能持之以恒，在面对挫折时，始终相信自己的能力，对自己的优势和实力有正确的估计和积极的肯定，不会轻易放弃或者改变目标，从而表现出更强的意志力。第四，自信的人更容易激发出自己的潜能，在恰当地评价自己的知识、能力、性格等内在因素的前提下，能正确评价自己的优势，也能正确认识自己的劣势，能强化自己的长处、挖掘自己的潜力、不断进步。

创业者要善于运用这种自信，在工作中强化自己的优势。但是，自信是一种内在的品质，是内敛的，而不是外显的。

自信的人在与人打交道时，自我认同感会比较强。但是如果把握不好“度”，缺乏相应的技巧，缺少自我警醒，放任这种自我认同感，人往往会变得主观武断；如果再认识不到自身的局限，过于相信自己的判断和思维，甚至一叶障目，人就容易做出错误的判断。在这种情况下，自信就会变为自负，自负就会变成自作聪明。

在前面的章节中，我说过这个世界上都存在三个“我”：别人眼中的“我”；自己眼中的“我”；真实的“我”。这三个“我”中，只有真实的“我”是客观存在的；别人眼中的和自己眼中的“我”，都会受到意识的影响，带有主观色彩。如果一个人能在意识里强化这个世界有三个“我”的概念，就可以解决生活中遇到的很多问题。比如当别人抬举你的时候，可以提醒自己：这时别人眼中的“我”已经高于了真实的“我”，我不必洋洋得意；当别人不认可你的时候，可以提醒自己：这时别人眼中的“我”已经低于了真实的“我”，我不必妄自菲薄；当自我感觉太良好的时候，可以提醒自己：这时自己眼中的“我”已经高于了真实的“我”，我不应该骄傲自满；当自己灰心丧气的时候，可以提醒自己：这时自己眼中的“我”已经低于了真实的“我”，我不应该自暴自弃。

过于自信的人，往往会把“自己眼中的我”看得高于“真实的我”，也会高于“自己眼中的别人”，于是就会出现“以为自己很聪明”的错觉。

创业者在与团队成员合作时或者在与客户、投资方沟通时，一定要收起过度的自信，时刻提醒自己存在认知局限，不要让自己“显得很聪明”。比如创业团队的内部各自有分工，各自有擅长的领域，相互间的沟通和信任是非常重要的。但是如果某一个人，尤其是团队的领头人，不太重视其他合作伙伴的意见，就会破坏团队的团结。团队的合作，最重要的就是相互尊重和理解。分工不同，各自站的角度不同，对同一件事情的看法就有可能不同，用谦虚的态度，多看、多听、多想，只会有益无害。

我曾经遇到过一个创业团队，领头人有很扎实的背景，海归，名校毕业，有大公司从业经历。他的公司还有一个技术合伙人。在产品研发的过程中，这个技术合伙人为产品的设计和生产规划了完整的路径和方案，但是领头人总是屡屡提出自己的修改意见，在网上看到一个自以为很好的点子或者创意，就要求技术合伙人在产品上也增加这个功能。技术合伙人基于技术架构、研发周期、技术兼容性等因素提出不同意见，他总是说：“我的目标是要做最好的产品，你必须相信我的判断，你的任务就是要实现我的想法。”

这个创业者想做“最好的产品”的想法没有错，但是在具体的操作过程中，他只相信自己的判断，忽略了技术实现能力的限制，也忽略了技术负责人根据自己的专业考量提出的不同意见，就显得过于武断了。合伙人也觉得自己的专业能力没有得到尊重，最后只能以能力不足为由而主动离开了团队。

同样，创业者在对员工的管理过程中也会出现类似的问题。比如创业者在倾听员工的想法或者了解市场的反馈时，如果没有谦虚的态度，是很难听到完整信息的，更不用说甄别出有价值的内容了。只有首先设定自己对某个事物是未知的，才能更好地听别人怎么说，别人也才会更愿意说。自作聪明其实是一种变相的“故步自封”。

无论是员工还是客户，都不会对一个夸夸其谈、自以为是的人说出自己的真实想法，因为人都是趋利避害的，如果你所表现出来的态度是倨傲不恭或者虚情假意的，谁还会愿意在与自身利益不相干的事情上浪费自己的口舌和时间呢？

文正公曾国藩在其家书中说过“败人两字，非傲即惰。天下古今之庸人，皆以一惰字致败；天下古今之才人，皆以一傲字致败”。“傲”其实来源于心中泛滥的优越感，佛家称之为“慢”，是一种比贪嗔痴还毒的“毒”。这种泛滥的优越感多来源于过分的自信。

其实真正的聪明是大智若愚，真正的自信是虎行似病。

（1）真正自信的人愿意倾听，他们承认自己知识的局限性，知道自己明白的事情很多，但不明白的事情更多，所以愿意倾听别人的说法。

（2）真正自信的人会承认自己的弱点，因为他们能准确地评价自己的长处和短处，所以敢于承认需要听取别人的建议、意见和帮助。

（3）真正自信的人不害怕丢脸，不会在意表现出弱点，就算看起来很糟，但只要别人看到你的真诚，就不会嘲笑你，反而会更尊敬你。

（4）真正自信的人不在意被人指出错误，当他们知道犯错的时候，一定会做出让步，因为找出什么是“真正的正确”比“维持表面上的正确”更重要。

（5）真正自信的人很少骄傲，至少是很少表现出来，如果他们达到了一个目标，就会立刻盯住下一个目标，因为不断挑战自我比骄傲更有乐趣。

（6）真正自信的人不太在意别人的认可，他们知道自己已经做到了就行了，真正的认可来自其内心，而非他人。

二、控制自己的脾气

创业者在创业过程中会遇到各种各样的问题。想想吧，没有稳定的收入，却有等着发工资的员工、等着生活费的家人，还有谈不下来的客户、收不回来的货款，还要面对工商、税务、房租以及股东的疑问，合伙人的小性子，供应商的不靠谱，员工时不时要求涨薪休假的要求……这些真是对创业者智慧、能力、气魄、胆识的全方位考验。

创业者不仅要面对并解决这些问题，还要承受这些问题所带来的心理压力。硅谷投资人本·霍洛维茨在《创业维艰》这本书里说过："在担任CEO的8年多时间里，只有3天是顺境，剩下的8年几乎全是举步维艰。"面对这么多的问题，一般人可能早就崩溃了，但创业者不行。

我曾经有过一次非常后悔的情绪失控的经历。我第一次创业是和一位兄长一样的朋友一起合伙的。他基本上算是我的财务投资人，公司经营主要是我在负责的。他作为财务投资人，为便于财务监管，便安排他的一个老部下来负责公司的会计工作。这位会计是一位女士，跟着他工作了超过10年的时间。

那一段时间，公司业务发展不太顺利，我的压力很大。之前，我给这位会计安排了一项工作：去主管部门申请某一个资质。这个资质我要得比较急，但是她办了四个月仍然没有办下来。其实，做过此类事情的人都知道，这类工作的进度控制权并不在公司办事人员的手中。那天中午，我从客户那里回来之后又追问她办理的情况，她说的内容和前几次沟通的内容差不多，基本上没有什么进展。然后，我就控制不住自己的情绪了，非常失态地开始发火，全公司的员工都很震惊。

这次发火之后，我的这位兄长般的合伙人和我进行了一次谈话，表明他的态度：第一，我发火是不对的，因为她并没有错，她根本控制不了这个进度；第二，她是投资人派驻的工作人员，不看僧面也要看佛面嘛；第三， 我是公司负责人，后续无论怎么补救，都必须保护我在团队的威信；第四，这位会计已经提出不在这个公司继续工作的要求，需要做好善后工作；第五，我作为一个成年人，如此失态是否需要反思？

最后的结果就是，这位会计离开了公司，我的合伙人另作安排。但是影响还不止于此，长远的负面影响还包括：我和合伙人的关系变得微妙（也许他觉得，我就是想用这种方式把他安排的会计踢走吧），公司的员工都不敢和我距离太近，团队氛围在很长一段时间内都比较低沉。

一次一分钟的怒气，所产生的负面影响我用了三个月的时间去弥补。对我来说，教训深刻。

发怒是情绪失控的表现，是因为自己对人和事的认知与其他人的不同，而把这种怒气投射到身边的人和事上的一种情绪反应，其实就是对自己缺少应对措施和办法的无奈，是对自身无能的一种宣泄。

我们偶尔也会碰到一种人，动不动就发火，医学上将其称之为易怒性格。排除身体本身的生理影响之外，从心理学上说，这种性格是自信心缺乏的表现。不自信的人才需要通过严厉的语气、很高的声调来表达自己的观点或者显示自己的权威。

控制愤怒其实是控制对自己不满的宣泄，控制不自信的外露。

除了愤怒，不良的情绪还包括焦虑、紧张、沮丧、悲伤、痛苦、难过、忧郁、亢奋等。

情绪失控的人很容易犯一些错误，比如容易得罪人、在他人面前显得脆弱、容易做出错误的判断和决策等。情绪失控的状态就是我们常说的“脑子短路”的状态，人在这种状态下思虑一定不完整，要么片面，要么短视，说出的话、做出的事也一定是有偏差的。作为公司的管理者，每一个决定都会产生重要的影响，因此一定要避免“脑子短路”的情况。

古人说“羽扇纶巾，谈笑间樯橹灰飞烟灭”“运筹帷幄之中，决胜千里之外”，这些体现的不仅是一种大将风度，更是一种沉着冷静的领导者素质。如何才能控制住自己的情绪呢？我通常采用四个办法。

1. 调息

调息是公元前五六世纪就存在的一种做法，是运用呼吸技巧来让人的头脑冷静下来或专注于某件事上的一种方法；调息在梵语中可以翻译为“生机”或“舒展”。几千年前，人类就已经知道通过控制呼吸来调整情绪了。

2. 中断处理

如果我在和其他人讨论某个问题的过程中出现了不良的情绪，我会深呼吸来调整情绪，如果深呼吸还没有作用，我就会打断他们，用比如去喝杯水或去趟洗手间为理由，做一个中断处理，三五分钟后视情况再做决定。如果是打电话时出现不良情绪，我就会说：“我这边有点意外情况，几分钟之后再给你打过去。”这样做的目的就是要在情绪进一步恶化之前，为自己争取到一个缓冲调整的空间。

3. 延后处理

当处于情绪不好的状态中时，无论如何不能去做任何决定，应延后到情绪正常后再处理。我通常会跟我的同事或者生意伙伴这么说："我今天有点烦心事，脑子里比较乱，这事容我考虑一下再答复你。"有的人可能会觉得受到怠慢，但绝大部分人都会表示理解，至少对方能够感觉到你对待这件事的慎重态度。

4. 想办法消除对失控的恐惧

曾经我也是一个易怒的人，那时候年轻气盛，我把这当成是自己坦率的表现，常自诩为"直性子，心里藏不住事"。后来我发现，这其实是一种自我欺骗，别人碍于面子不好当面说什么，心里却难以认同，也给人造成了一种性格强硬、不好相处的印象，无形之中得罪了不少人。

我尝试了很多方法来改变自己的这种性格，甚至读了很多心理学的书籍。通过自我剖析，我发现自己易怒的性格源自潜意识。我过去的一些经历，让我的潜意识里存在着强烈的不安全感和危机意识。这种不安全感和危机意识发展出了两种性格特质：一是当问题出现时，我总想尽快解决，尽早尘埃落定，好能看到结果，于是总是仓促地做出决定，急于求成；二是控制欲太强，总想控制事情的进度、控制事情的结果，甚至控制别人的想法。当觉得自己达不到目的时，我就会感到无能为力，进而产生对失控的恐惧，这种恐惧又会进一步转化成对自己无能的愤怒，最后变成愤怒的情绪发泄出来，伤害他人，事后自己也经常后悔不已。

直到有一天，我在读一本佛学的书籍的时候，突然有了感悟。这本书上有这样一句话：一切皆因缘。所有事情的发展，其结果无论好坏，无论是否符合我的心意，都是由各种因缘导致的，我没有必要非得强求结果必须满足我的想法。一是我的想法不一定正确，二是其他的结果未必对我不利。既然如此，我要做的，就是做好我所能做的，努力去争取就行了，完全没有必要去恐惧，更没有必要发怒。于是对很多事情，我开始愿意承受更多的可能性。更何况古人说：事缓则圆，语迟则贵。

这个方法是我个人总结的经验。不同的人有不同的方法，每个人都可以结合自己的状况，让自己控制情绪的能力得以增强。

喜怒易行于色的人，与其说是坦率，不如说是缺乏内心的历练，自信的人不靠情绪来表达自己。

三、话留一句是智慧

在一些反映现实生活的电视剧里，经常有这样的情节：家里几个人闹矛盾，在一起叽叽喳喳，公说公有理，婆说婆有理，往往就在矛盾激化的那一刻，占下风的人哭的哭、跑的跑，这时边上就有个长辈来批评占上风的那一个："哎呀，你就不能少说两句吗？"可见有时候，也就那么一两句话，把人给得罪了。所以有时候说话，少说一句也是智慧啊！

每个人都有表达的欲望。因为人具有社会性，因此需要他人关注自己、亲近自己和重视自己，希望得到别人的肯定、赞美、欣赏……同时，人们也普遍认识到，所谓的社会地位，就是自身引起他人关注、博得他人赞赏的能力的综合体现。为了获得他人对自己的情感关注和情感亲近，人会自然而然地产生表达的欲望。通过表达，展现自己的能力、发表自己的观点、获取别人的注意。

但是，如果在表达的过程中，过于锋芒毕露，只图一时口舌之快，也往往会闯下“口祸”，就像过分的自信会变成自负，过于放纵情绪就会变成宣泄。

我们在与人交往的过程中，经常会有这样的感觉，就像古人所说：“如鲠在喉，不吐不快。”好像有些话非得说出来，不说出来就不舒服，就憋得难受。越是这个时候，我们就越要先压一压自己的表达欲，不吐不快的这种感觉，恰恰是情绪宣泄的一种外在表现。宁愿不说或者以后再说，也不要说出来后悔。

创业者，作为一个公司的管理人员，要与很多人打交道：下属、商业伙伴、竞争对手……

1. 对下属话留一句是留情

管理者在与下属打交道时，经常会遇到这样的情况：下属提了一个好点子，但是考虑不周全；下属违反了某一项纪律，要进行批评教育；下属热心办坏事，需要进行补救……在碰到这些情况时，管理者更要注意说话的技巧。

下属提了好点子，虽然还有缺点，但是管理者也要先鼓励，肯定好的部分，对不足的部分可以给他一个方向或者提示，再给他一点时间，请他再去思考，等他思考过后，再一步一步完善。管理者万万不可站在高高在上的位置，或者以过来人的身份，直接指出不足。这种做法一是会打击下属的积极性，二是会扼杀下属的创造力。这个时候，管理者不要直接说：“我觉得你这个点子如果这样会更好……”而是把这句话留住，不要说出来，换成：“你的点子很好啊，但如果出现这种情况，你觉得应该怎么办？如果出现那种情况，又应该怎么办？继续发挥你的创造力，再完善一下，这个点子绝对会更好。”

下属犯了错误，管理者不要直接说：“你这样是对公司、对自己不负责任的。”而是把这句话留住，换成另外一句：“你是年轻人，人生路还长，我相信你自己也想长能力、长本事、练好品行，你自己好好想想这件事错在什么地方，然后再来和我谈。”

下属热心办了坏事，管理者不要直接说：“成事不足，败事有余。”而是把这句话留住，换成另外一句：“你的心情我可以理解，你想出成绩的愿望我也看到了，但是做这件事，你不仅要让我看到你的激情，更要让我看到你通盘考虑、把握全局的能力，你好好想想，这件事在什么地方出现了问题，该如何补救，以后如何提高，想好了我俩再讨论。”

以上只是简单举例，具体到管理实践中，还需要创业者临场发挥。

2. 对商业伙伴话留一句是留心

在我们和商业伙伴合作的过程中，经常会出现博弈的情况。既然是博弈，就不能直接把自己的底牌全部亮出去，牌要一张一张地打。比如你可能经常会这么说：“王总啊，您这个价格已经很高了，如果再高我们就没有利润了。”但其实也许这个时候，你可选的供应商有很多家，而你心里面已经认定了这一家，只是想进一步降低采购成本。

这个时候，你不要说：“某某公司给我的价格就比你的低。”可以换成另外一种说法：“我是很想用您公司的产品的，我也做过调研，产品质量好，供货稳定，回款要求也很合理。这一单做了，我还想和你建立长期的合作关系，但是，我的采购经理给我选了另外几家供应商，有些条件和您一样，但是价格上要更有优势一些。如果我贸然就定下来和您合作，我的下属会觉得我不会办事，说不定还会觉得我不尊重他们的意见。所以，您看，我们能不能都让一步，您再把价格降一点，我也好有个台阶下。”

这样的话语，既可以让对方感觉到你的真诚态度，也让对方觉得你也有自己的难处，同时也把他拉入了解决你难处的环境中，让他觉得自己也必须有所表示，即便对方最后不能满足你的期望，也为后续的合作留下了空间。如果直接说：“人家的价格就比你的低。”那压价的意图就太明显了，对方会觉得和你的合作受价格的影响太大，与你建立长期合作的愿景就会动摇。同时，谈判时不要把第三方说出去，以避免他们形成价格同盟。

3. 对竞争对手话留一句是留余地

当下的商业社会，“竞合关系”很重要。所谓“竞合”，就是既要有竞争也要有合作，绝对不能直接对抗。直接对抗的结果就是减少各方的利润、打乱市场价格体系、提高用户的期望值、增加企业的运营成本。

既然有竞合，就会有交流沟通，在交流沟通的时候，就要有策略。兵者，诡道也。商场如战场，道理是一样的。

我曾经就碰到过差点和竞争对手拍桌子的情况。竞争对手高薪挖我的员工，刚听到这个消息时我很愤怒，就给对方打电话：“大家都是一个行业里的人，低头不见抬头见，怎么能挖我的墙角？”对方说：“员工有选择工作的权利和自由，不是我们想挖，是他想过来。”

当时，我可以说一些气话，但我忍住了。幸亏我和员工签有竞业限制协议，后来我采用了一些办法降低了损失。过了一段时间之后，由于市场环境的变化，两家公司可以用销售渠道互补的方式来降低各自的市场推广成本，双方经过沟通，建立了比较好的合作关系，我和对方负责人也能继续融洽相处。

如果当时，我说："你敢挖我的人，我就一定给你好看。"估计我们以后就很难坐在一张桌子上把酒言欢了。有时候，能憋住话也是会说话的一种表现。

会说话是高情商的表现。我们见过很多特别擅长用一句话就把天"聊死"的人。

"哎呀，淘宝要做双十一的促销了，有好多好看的包包，你准备买什么呀？""我从来不在淘宝上买东西，我只去专卖店买包。"

"你喜欢看韩剧吗？""这种无脑无情节的剧我不看，我喜欢看美剧，看了美剧就根本没法再看韩剧了。"

"老王，你看我这个产品怎么样，有没有兴趣合作啊？""你这产品和隔壁老李的比起来，档次差多了，他家的看起来就很有品位。"

像这种说话水平的人不在我们的讨论之列。

说话还有很多地方是需要留心的，比如，真性情是让你说真话，不是让你说难听的话，直率和轻重不分是两回事；看破但不点破，给别人留一点余地，看破是能力，不点破是境界；不要每一场谈话你都想赢，有时候你赢了道理，可能会失了交情……

四、忘却感性的烦恼

感性是情商的一种。感性的人，情感丰富、多愁善感，能对别人的遭遇感同身受，能体会到别人情感的变化。感性的人的优点有感情丰富、有人情味、心软善良、情感细腻、感受力强、浪漫、具有感染力等。但是感性的人的缺点也很明显：多愁善感、感情用事、主观、情绪化……

与感性相对应的是理性。理性的人会采用分析和综合、抽象和概括、归纳和演绎等逻辑方法来分析外部事物，并做出决定。感性认识倾向于对现象的认识，而理性认识倾向于对本质的认识。

感性的人，在领导力方面有以下三个优势。

1. 同理心

在高度自信的基础上，敢于承认、接受自己的不完美；能将自己放在和下属平等的位置上，对他人的经历感同身受，能更好地激励员工“上下同欲”；同时，对客户的需求能保持高度的敏感，能够在研发、销售、管理等多个层面上做出创新。

2. 觉察力

能觉察到自己情绪的变化，从而能更准确地进行自我定位、履行自己的职责、遵从相对应的伦理道德规范，并能通过内省更好地提升自己；对他人的情绪变化更敏感，对他人行为背后的态度、动机、经历保持敏锐的直觉，能够提高沟通的效率。

3. 想象力

具有更强的创新勇气与毅力，敢于树立新的目标，并具有更强烈的解决问题的意愿；对企业品牌形象、企业制度、企业文化等更有想象力，并且因为满怀憧憬，所以更有行动力。

生活是不能完全靠理性的，企业管理也不能完全靠理性。有时候，用感性去管理员工、营造企业氛围、创建团队文化、勾画美好的未来是很有价值的。

但是，在运用感性的价值时，创业者也要忘却感性带来的烦恼。

我最近看了一个小笑话：女生买了一瓶青柠味的洗面奶，男朋友说："你刚买的洗面奶是生姜味的啊？"女生听后，觉得男友蠢，连青柠和生姜都分不清；继而又联想到男朋友不喜欢吃生姜，自己每次为他做菜都没放姜，而自己不爱吃青椒的事男友每次都不记得；又想起男朋友上次居然记得前女友不喜欢吃豆芽……女生说："你自己一个人过吧。"然后收拾东西要走。男友："我做错了什么？"这个女生就是典型的陷入了感性的烦恼的例子。

感性的管理者，必须学会忘记感性的烦恼，这些烦恼包括：

1. 想得太多

感性的管理者会想得比较多，想多了就容易胡乱猜疑。比如，一个员工来请假，时间挺长，理由也不是很有说服力：女朋友要求他陪着出去旅游一周。这个时候，过于感性的领导者就会想，他是不是工作状态不好啊，工作这么忙，竟然要请假；然后再联系到他最近迟到了两次的事，就又会想，他会不会早有预谋准备跳槽了，那得做好准备，赶快招人了。其实，过了一个星期，员工回来上班了，因为放松了一周，反而工作更积极、效率更高了。

感性的管理者，一定要多了解、多问，千万不要发挥自己的想象力，一定要放下偏见，保持强烈的好奇心和敏锐的觉察力，这样才能真正洞察到他人的情绪、情感、状态。即便亲眼所见的事实，那也只是眼中的事实，有的时候，眼见也不一定为实。

2. 不计后果

感性的人，在待人处事的过程中，多遵从自己的意识，习惯从自己心中所想出发，不会太多地考虑客观条件。这样的管理者，往往容易做出不计后果的决定。

太感性的决定是很危险的。比如一个产品，有两种不同的设计方案，一种比较简单但是可以节省成本，能够使产品更快上市，更符合公司当前的资金状况；另一种方案更完美，但是更耗时、耗力、耗资金。感性的领导者，可能前一天正好看了乔布斯的故事，于是脑袋一热就拍板：我要做完美的产品，我要改变世界。最后，资金、时间出了问题，麻烦一大堆。

3. 情绪化

感性的人更容易情绪化，他们经常会因为一些微不足道的原因而发生较大、较明显的情绪波动。情绪化的人对外部环境非常敏感，很容易高兴，也很容易生气，心情常常大起大落。人的状态也容易跟着感觉走，高兴的时候，好沟通、易接近；不高兴的时候，状态低沉，总是出现攻击性的语言或者表现。

情绪化的人给人一种喜怒无常、捉摸不定的感觉。如果你的下属连来给你汇报工作都要看你的脸色，那就要注意了，这对你的管理是不利的，你要努力增强控制情绪的能力，尽量展现出积极的一面。

4. 感情用事

在人际交往中，有三个心理学效应：

（1）近因效应，是指在交往过程中，我们对他人最近、最新的认识占了主体地位，掩盖了以往的评价。比如，一个下属这个月业绩好，你可能就忘了他上个月丢失客户资料的事。

（2）光环效应，是指我们在评价他人时，常常喜欢从某一点特征出发来得出或全好或全坏的印象，就像光环一样，从一个中心点逐渐向外扩散成为一个越来越大的圆圈。多数情况下，光环效应常使人出现“以偏概全”“爱屋及乌”的错误，影响理性的人际关系。

（3）投射效应，就是“以己论人”，常常以为别人与自己具有同样的爱好、个性等，彼此谈得来就觉得与自己是同一类人，意见不同就认为是别人的错。投射效应会导致严重的认知偏差，使我们习惯用自己的标准去衡量别人，从而出现常说的“看走眼”的情况。

感性的人在与人交往时，受以上三个效应的影响比较大。有的管理者，公司业绩好的时候和员工称兄道弟，不好的时候便诸多挑剔，这就是感情用事的表现。与人，尤其是与员工相处时，保持一贯的态度和分寸才是成熟的管理者应有的表现。

在企业管理方法论中，有感性管理和理性管理两种相对的管理方法，其所说的感性与这里所说的情商的感性是两个概念，有兴趣的创业者可以去查找相关资料自行学习。

第五节>>>

心态

在前面的一节中，我们已经谈了情商，这一节我们来说说心态。情商和心态都影响着人在社会活动中的种种外在表现，很多人容易把它们混为一谈，但其实两者不是一回事。

情商是指人在情绪、意志、耐受力等方面的品质，主要体现为感受、控制自我情绪、识别和处理他人情绪的技巧。心态则主要是指人在社会活动中，基于自己的成长经历、知识结构等，对各种事物产生的反应和理解，并由此表现出不同的思想状态和观点。

情商主要影响微观行为，而心态更多地影响宏观思维。比如我的两个朋友，一个非常擅长照顾他人的感受，说话做事都会站在别人的角度考虑，大家和他相处总是觉得很舒服。但是，他也经常患得患失，总是心事重重，一遇到不顺心的事情就会表现得比较沮丧，显得压力很大；另一个，每天总是乐呵呵的，天大的事情在他那里都不是事儿，再多的不开心最多一顿美食就解决了。

但是他也有一个“习惯”常常被我们取笑，我们聚在一起吃饭时，如果主人家准备了白酒，他就说胃不好要喝啤酒；如果准备的是啤酒，他就会说不过瘾要喝白酒，总是和大家步调不一致。第一个朋友就是情商高但心态要差一些，第二个就是心态好但是情商要迟钝一些。

心态直接影响着人对外界事物的看法，不同的心态对同一件事的看法是不同的。比如我们很熟悉的一个例子，同样的半杯水，有的人会说：“还有半杯。”有的人会说：“只有半杯了。”前一种心态是乐观积极的，后一种心态就是悲观消极的。

拥有积极乐观和宽容豁达的良好心态，不但可以让人更快地取得成功，还能更好地享受生活、提高幸福度。

创业，不仅要注重团队和情怀，更要有好的心态。

在我第一次创业时，光产品研发就用了4个月的时间，这远远超出了我计划的进度，让我感到了很大的压力。在接下来的过程中，我和团队用了2个月的时间，只找到了不到100个天使客户，这也远远低于我的预期，我的状态就变得比较消沉。

我的销售经理看到了这种情况，就约我出去吃烤串、喝啤酒，他跟我说：“你其实不用这么苦闷，从客观上来说，我们的进度确实没有赶上计划。但是，换个角度想，我们现在至少已经有100个天使客户了，你是不是应该重点考虑一下我们应该如何继续前进，当下的麻烦我和团队的兄弟们会帮你解决，你得多想想我们该如何争取更多的资源来扩大战果。”

他的一席话，让我醍醐灌顶，让我明白了作为领头人，不应该纠结于前期的问题，而应该想着如何在现有状况下走得更远。后来我调整了自己的状态，着力于解决资源问题和产品优化问题。我的销售经理的心态就比我好，我很感激他适时提醒了我。

一、创业者保持好心态的好处

在创业过程中，保持好的心态，有以下几个好处。

1. 好的心态可以帮助创业者保持激情、全情投入

创业者在创业过程中，会碰到很多困难和挫折，甚至还会遭受沉重的打击。积极的心态有助于创业者从乐观的角度看待问题，会让创业者看到希望、把握机会、保持旺盛的斗志，从而更有力地克服困难、战胜挫折。

积极的心态更容易让人专注于挑战的乐趣，而不会沉溺于其中的挫败感。如果能把挑战当成乐趣，挑战就不会变成负担。同样是10斤的重量，如果抱的是自己10斤重的孩子，你怎么都不会觉得累，因为你喜欢；相反如果抱的是10斤重的石头，你肯定坚持不了多久。

2. 好的心态可以帮助创业者保持进取心和成长的力量

创业的本质不是简单的对财富的追求，而是一种昂扬的人生态度，是一种积极向上的信念，是一种对自我潜能的不断挖掘，也是一种对人生诸多可能性最有价值的探索。以这样的心态去创业，无论面临的是逆境还是顺境，创业者都可以保持进取心，获得成长的力量。

3. 好的心态可以帮助创业者为团队树立榜样

每个团队的成员都希望在领导者的身上看到自信、希望、乐观、勇气、慷

慨、机智等正能量的品质。在创业的过程中，创业者不仅需要修炼自己的心灵，更需要塑造整个团队的意志和文化。创业者自己只有不断展现出向上的力量，才能把内心的正能量释放出来。正能量就是阳光，可以温暖身边的所有人，使大家对你充满信心，成为你强有力的支持。

4. 好的心态可以提高团队的抗压能力

对任何人来说，觉得自己做得到或做不到，其实只在一念之间。创业者是团队的主心骨，是所有人的心理依靠，如果创业者以积极的人生态度面对困难，始终保持着向成功前进的姿势，那么团队成员也会充满希望，面对挫折不会气馁，面对困难也不会畏惧。有希望在的地方，痛苦也会变成欢乐。

二、心态的不稳定属性

好的心态，不是生来就有的，也不是有了就一成不变的。人的性格特征一般相对比较稳定，但是心态容易受外部事物、内心认知的影响。外部事物通常包括自然环境、人文环境、工作环境、工作状况、生活压力等，内心认知包括自信程度、身体状况、期望值等。

当人具备某种心态时，若没有受到足够强度的影响，原来的心态就会保持稳定，但是当影响达到一定的强度时，心态就会发生改变。创业者要保持积极、豁达的心态，就要不断强化内在的力量，抵抗各种影响，这种影响有的来自外部，有的来自内部，只有强化自己的内在力量达到一定的程度，才能维持心态的持续性和稳定性。

这里有一个老故事：有位秀才进京赶考，考试前做了三个梦。第一个梦是梦到自己在墙上种白菜，第二个梦是下雨天自己戴了斗笠还打伞，第三个梦是梦到自己跟心爱的女孩背靠背躺在一起。第二天秀才就去找算命的解梦。算命的一听，说："你还是回家吧。你想想，高墙上种菜不是白费劲吗？戴斗笠还打雨伞不是多此一举吗？背靠背躺在一张床上不是没戏吗？"秀才一听便心灰意冷，回旅店收拾包袱准备回家。店老板非常奇怪，就问："不是明天才考试吗？你怎么今天就回乡了？"秀才如此这般一说，老板乐了："哟，我也会解梦的，我倒觉得你一定要留下来。你想想，墙上种菜不是高种吗？戴斗笠打伞不正说明有备无患吗？背靠背躺在床上不是说明你翻身的时候要到了吗？"秀才一听还真有道理，于是精神振奋地去参加考试，居然真的中了个探花！

秀才的心态从从容赶考，到心灰意冷，最后又变成精神振奋，就是由于受到了外部环境和内心认知的影响。创业者的心态是万万不可如此容易受影响的。

三、保持好心态的困难

创业者要保持好的心态不容易。创业过程中，创业者需要面对各种各样的压力，比如未来的不确定性所带来的焦虑，进度延后于计划所带来的失望，自身与外界比较所产生的失落，对伙伴分担责任能力弱的沮丧，自身要强、固执、过于追求完美等性格特质所带来的困扰，等等。

创业者一般都是精力充沛、积极、富有创造力的人，拥有这些性格特质的人，情绪容易不稳定，也容易受负面精神状态的影响。这些精神状态可能包括抑郁、绝望、无价值感、失去动力……创业，不只是科技媒体上的激情万丈、融资新闻中的春风得意，更多的是在压力、焦虑、抑郁、苦闷中的艰难挣扎。

负面的精神状态，不仅会影响学习能力、判断能力、决策能力的发挥，也会影响身心健康，比如使人易怒、疲倦、缺乏耐心，严重的甚至会导致明显的身体反应，如失眠、应激性疾病等。过度焦虑会在人体内产生强烈的内刺激，使人无法聚焦于需要高度重视的事情上面。同时，因为无法集中注意力，人所感受到的威胁会更强烈，从而进一步加重焦虑感，形成恶性循环。这就是为什么在焦虑情绪下，人的行为反而会更加拖延、更加低效率了。当陷入这种恶性循环时，人可能还会因时间和情境的紧迫而不得不背离理性，仓促做出决策。

创业者要到达成功的彼岸，就必须拥有好心态并且持续保持好心态。

四、保持好心态的技巧

如何保持一个好心态？下面有十二个方法可以作为参考和借鉴。

1. 将大目标分解

任何宏大的目标都是由一个一个小目标组成的，就像王健林先生所说：要想成为首富，就要先定一个小目标，比如先挣它一个亿！对于很多创业者来说，不管有没有成为首富的想法，都可以参照这个方法，先设定一个小目标，再累积成大目标。

把一件事情分成很多个小部分，一个部分一个部分地实现，当一个小部分完成的时候，你就离成功又进了一步。把大目标分解掉，就不会总想着没完成的部分，而给自己很大的压力。水滴石穿不是一两天能完成的，集腋成裘、聚沙成塔、积少成多、积水成渊、滴水成河、粒米成箩……这些都是古人留给我们的智慧。

稳中求进，你自然就能享受一个个小成功所带来的快乐，就能时刻保持住激情，为下一个小目标的实现做好心态的准备。

2. 避免理想主义

在给自己设定大目标的时候，要避免理想主义，不要将目标设定得过于宏大、不切实际。缺乏经验或倾向完美主义的创业者容易把愿景和目标混淆。固然要“改变世界”、要“追求完美”、要“做到最好”，但是那些都是要经过长年累月、不断精进才能达到的，可能需要十年，也可能是更长的时间。

对于刚起步的创业者来说，首先要解决的是生存问题，要努力获得第一个客户、第一单合同、第一笔利润。近几年的数据显示，在所有的创业者中，能够拿到第一笔外部投资的不超过三分之一。在这种情况下，过于理想的愿景都是无力而且不现实的。

3. 不害怕走弯路

俗话说：谋事在人，成事在天。俗话还说：条条大路通罗马。创业的过程中总会出现这样或者那样的意外，但有的时候意外未必是坏事，恰恰有可能是另外一种冥冥中的提示，提醒创业者反思创业路上的更多可能性。每一步都做对的创业者，最终未必成功；而跌跌撞撞走了许多弯路的创业者，却有可能笑到最后。

创业就是要挖掘更多的可能性。马云先生刚开始创业的时候是做英语培训的，他如果拒绝别的可能性，会有阿里巴巴吗？所以，在决策应对时，不妨以一颗平常心待之，企图心少一分，压力就少一分。

4. 坦然接受失败

失败是成功之母，一次就创业成功的人只是少数，大多数都是多次创业者。只要保有激情，不改初心，一次失败不算什么。

当然，不愿面对失败是人之常情，因为失败会降低尊严感、削弱自我评价。但对创业者来说，直面失败是必修课。在创业过程中，某一件事、某一个项目的失败未必会导致整个创业行动失败，创业者没必要心有戚戚、面有难色，与其伤感，不如抬起头来，继续勇往直前。

5. 不与人比较

创业过程中，谁都会碰到低潮，比如技术难以突破、市场遇到瓶颈、团队士气低落……这其实是很正常的，就像人一样，心情有激动的时候，也有难过的时候，一直兴奋的那叫“精神亢奋症”，是病，得治。

在低潮期，创业者应尽量不和外部比较，不为无谓的事情浪费精力。比如看到别人融了多少多少钱，想到自己的还没着落，就开始郁闷、担忧、紧张，其实是完全错误且没有必要的。任何人的成功路，都是独一无二的。别人的成功你无法复制，你的成功也应有自己独特的历程。别人的成功可以借鉴，但不能照搬。

6. 主动采取行动

“行动是治愈恐惧的良药，而犹豫拖延将不断滋养恐惧。”任何人的成功都是靠自己一点一滴的行动做出来的，不是想出来或看出来的，也不是说出来的。认真做就是对自己负责。把要做的事情落到计划上，明确每天自己该做什么，然后开始按照计划执行，不拖延，不多想，向行动要结果。做的时间多了，焦虑的时间就少了，做出成绩来，心态也就变好了。万事开头难，用心便简单。

7. 学会借力

每个创业者都要有自己的团队，也要有自己的同类人圈子，当出现问题的时候，不要过于保守，要多和人沟通。一个人的力量总是有限的，自己头碰脚跌的，不如听听其他人的意见，开心的交流不仅能让自己成长得更快，也能从其他人那里获得正能量，有助于保持愉悦的心情。

8. 积极主动学习

就像杨绛先生所说，很多人的烦恼都是因为“读书不多，而想得太多”。读书太少，以为眼前就是全世界；想得太多，过度思考就会变得很消极。

创业者既要知道自己的短板，也要承认还有连自己都不知道的短板，因此创业者更不能放弃学习。选择创业必定会是一条艰难的道路，总会遇到许多问题，主动寻找解决问题的方法，吸取知识填充大脑，向书本学习、向同行学习、向伙伴学习，这才是不断成长的正确方法。

9. 摆脱惯性思维的控制

我看过一本书，名叫《当下的力量》，在此向创业者强烈推荐这本书。这本书能够教处于逆境中的人如何摆脱负面的情绪和思维方式。

很多时候，人的烦恼都来自对过去的悔恨和对未来的担忧。人的思维都是基于过去的经历和经验所形成的思维定式，对未来的预判也是基于这种定式所做的揣测。但是未来还没来，过去的事情在未来也不会完全重复、再现，谁会知道未来会发生什么呢？这种揣测其实是没有意义的，因此不如好好把握当下，把当下的事情做好。

10. 学会忍受孤独

就如弘一法师所说：任难任之事要有力而无气；处难处之人要有知而无言。当身处逆境的时候，要学会忍受孤独。

我们可以从书本上寻找解决问题的办法，可以从他人那里借鉴相关的经验，但更多的时候，需要我们在一个人的状态下经受逆境对我们内心的折磨。谁也无法在独处的时候完全抛开所有的不快乐，那么就试着接受这些不快乐，学会自己“缝补”自己的内心世界，不能总是希望从外部获取力量，内在的力量比外在的力量要强大得多。

11. 维护好家庭

有些创业者为了事业全身心投入，无法兼顾家庭。这是不对的。实际上，和睦的家庭是创业者在面对压力和危机时最好的外部支援，与家人共享天伦之乐也是创业者最好的放松方式，有助于创业者体会到幸福、保持快乐的心态。能体会到幸福的人通常不容易过度焦虑，安全感不足或幸福感受损的人更容易陷入焦虑的泥潭。

12. 保持初心

创业者在任何时候，都不能忘记当初为什么出发。只要不忘初心，就能坦然承受路途上的各种挫折和苦难。不忘初心，就能持之以恒，这不是普通的一如既往，而是百炼成钢的坚定和九死无悔的执着。

心态的积极与消极直接影响着创业者的成败。作为一个公司的领导者，即便状态不好，也要表现出积极的一面，即便心里有苦，也要尽量保持微笑。

消极的心态使人沮丧、失望，对生活充满了抱怨，自我封闭，自我限制，扼杀潜能。消极的心态是生命的慢性杀手，消耗人生；消极的心态是失败的源泉，摧毁希望。

创业是对自己心灵的修炼，是一次又一次超越自己的过程，就如蝴蝶破茧一般，在痛苦的挣扎中，意志得到锻炼，力量得到加强，心智得到提升，生命得到升华。当从痛苦中走出来时，我们就会发现，自己已经拥有了飞翔的力量。选择了积极的心态，就有了与痛苦抗争的能力，就有资格去经受生命中一次次的蜕变，最后破茧成蝶，获得成功。

天行健，君子以自强不息。

第六节>>>

视野和社交

创业，既需要开阔的视野，也需要一定的社交能力。

在当前信息极度泛滥的环境下，如何甄别真正有用的信息而不被信息淹没？如何聚焦于有效的社交，避免无效的社交浪费宝贵的时间？创业群体，尤其是年轻的创业群体，对这两个问题普遍存在着一些认识上的误区。在这一节里，我以个人的经验和见解，提出一些建议供大家参考。

一、关于视野

我们在成长的过程中，通过很多途径接触过关于视野的名言。比如：视野决定境界，视野决定高度，视野决定未来……这些话的潜在意思大概就是：一个人如果具有不同寻常的视野，那么不仅可以消除对未来的不安，还可以提升自身的价值。

创业者都是渴望成功、渴望快速达成目标的，所以，他们中的绝大多数都把不断扩展自己的视野当成让自己越来越强大的手段之一，以至于有的人几乎到了强迫症的地步，如果每天不做点开阔自己视野的事，就不太舒服。

扩展视野有很多种方式，如了解政治时事、阅读经典书籍、参与社会热点、扩展社交范围等，于是有的人成了低头族，看朋友圈、看微博、看新闻客户端，早上看、下午看、晚上看，把自己变成了信息的奴隶，生怕错过这个世界发展的精彩瞬间；有的人成了跑会族，满世界追着各种填个联系方式就能获得邀请函的论坛跑，在每一个漂亮的LOGO前都留下亮丽的身影，以此刷新自己在这个时代的存在感；有的人成了晒书族，热衷于购买国内外各种畅销书籍，新书必看，热点必跟，还将各种心得晒在朋友圈，仿佛自己博览群书、满腹经纶。

可是为什么很多人依然如韩寒的电影《后会无期》中所说："听过很多道理，却依然过不好这一生？"因为有的人在不停地阅读，却没有读出领悟、读到心中；有的人在不停地奔波，却只是一个配角；有的人在不停地模仿，却没有自己的核心技能。所谓的视野不过是信息的简单堆砌而已。

创业者要明白，只有在行动中拓展的视野才是有价值的。视野是为行为的裂变打基础的，扩展视野是为了强化行动的力量，而不是行动的替代品。

创业者一定要摆脱视野的迷局，专注于自己的项目，把所知、所学运用到自己的创业过程中。别人的成功不可复制，同样你的成功也一定要有自己的秘诀。

现在的很多创新都来自产业升级、消费升级、技术升级，而且只有在深入某一个行业之后，我们才有可能发现其中的创新机会。过多地去追求所知的宽泛性，还不如扎扎实实做好某一项深入研究，找到一个核心的裂变点，让产品具备全新的功能或者服务，如此才能创造全新的商业价值。否则，创新就是一句空话，创业也只是“空中楼阁”。

我曾经遇到过一个有志于在IT行业创业的年轻人，刚开始的时候，我觉得他挺有冲劲的，就经常和他聊梦想。他非常在意TMT行业内各种有关创新的新闻，也总是把创新挂在嘴边。他经常说：“我发现某某商业模式取得了很大的成功，我们也可以做，如果我们做说不定比他们更好。”我就问他：“那你打算怎么做？什么时候开始做？”他经常如此回答：“我还要再看看，这种项目挺多的，不着急这一个。”如此反复，我一直都没看到他有所行动。

这位年轻人，仿佛视野很开阔、思维也很活跃。可是，他说什么都言之无物，有时候我会鼓励他打开思维，拿出自己的想法，可他往往也只是把自己代入别人的场景，说来说去都是在复述他所看到的内容，最多也只是别人的行动加上自己的臆想。偶尔问起他对某一种商业模式的看法，他也往往是知其然不知其所以然，如盲人摸象而已！

视野，对这个年轻人来说不过是空洞的谈资，实不可取！

二、关于社交

关于创业，我们经常听到这样的论述：现在的社会是提倡合作双赢的社会，过去那种单打独斗的做事方式是无法成功的，只有扩大社交圈、认识更多的人、整合更多的资源，才能取得更大的成功。

于是，在提升视野和扩大社交的双重需求之下，有的创业者把社交当成了创业的重要工作。但是，过度的社交不仅浪费了创业者的时间，还会干扰其思想和行为，影响创业的效率和效果。

我们经常会看到这样的商界故事：某某大佬和某某大佬，聚在一起，意气相投，相谈甚欢，喝一杯咖啡的功夫就定下了一个很大的合作项目，互惠共赢，开创了一个新局面。于是很多创业者也希望在频繁的社交过程中碰到这样情投意合的人和这样皆大欢喜的事。殊不知，这一杯咖啡后面，有多少基础的商业行为在做支撑？这一项合作的达成，中间又有多少商业资源的累积在起作用？

其实在我看来，有很多行为都属于无效的社交。

1. 参加各种会议

有的创业者为了增加自己所谓的人脉，频繁地参加各种会议。在这类会议中，我们确实可以收到或者送出很多名片，认识很多点头之交，可是到最后能留下什么呢？这些点头之交，即便后来产生联系，也要以对等的利益交换为前提。既然如此，那还不如先修炼自己，提升自己的实力。

当然，如果有一个会议能给你机会，让你去推广你的产品或者理念，那是一定要参加的。但是对于一个初创公司，这样的机会并不多。如果只是作为一个观众，去听别人侃侃而谈，我建议不如看看相关的会议报道或者关注这个会议的公众号来了解，实在没必要花费那么多的时间、精力以及金钱。创业者花在外面的时间越多，花在公司内部的时间就越少。

2. 加入各种协会

有的创业者为了获得各种扶持政策，如创业补贴、项目补助、优惠贷款、免费众创空间等，会积极加入地方的各种协会，如创业协会、小微企业协会、某某行业协会、某某扶持基金等。

以我的个人经验来看，天下没有免费的午餐，创业者必须在时间成本、公关成本和收益之间做一个平衡。把创业的大部分时间耗在了参加各种协会的活动当中，既是对自己的不负责任，也是对这些扶持政策的不负责任。因为把公司经营好、把产品做好、把企业做强做大，才是双方共同的目标。

有一天，我的一个朋友，在谈起我们另外一个共同的朋友时，用很羡慕的口气说："他现在是某某协会的常务副会长呢，混得很不错噢。"我说："那他的公司怎么样？"他说："好像做了一个项目，还在推广当中。"我继续问道："那他当了副会长，对他的项目有什么好处呢？"他说："好像也没什么好处，据他说协会的事情还是比较耗时间的，但是人家视野宽广了嘛！我们和他比，层次差了嘛！"我点了点头，也不知道该说什么了。创业者把应该做项目的时间，耗在了为协会服务上，我表示无语。

在我看来，我的朋友至少搞错了一个概念：错把社交的成功当成了事业的成功。

3. 迷信各种创业社交软件

很多创业者的手机里装了各种创业社交软件，通过这些软件加各种好友，甚至关注了一些大佬，仿佛自己和他们产生了直接的关系。于是，他们每天忙于点赞、投票、读鸡汤文，不是看这个大佬参加了什么活动，那个创业团队融资了多少美元，就是关注这个公司引爆了什么奇点，那个公司发明了什么黑科技，每天忙得不亦乐乎。

可是这些事，除了增加你的谈资，和你的创业项目又有什么关系呢？觉得自己认识了很多人，其实你们连点头之交都算不上。对需要认真做事的创业者来说，时间如此宝贵，与其花时间去刷存在感，还不如多想想自己公司的发展，和团队一起多打磨打磨产品。

4. 频繁参与各种应酬

有的创业者，以能够参与各种应酬活动为荣。组织这些活动的，有的是同学，有的是同乡，有的是通过前面所说的各种会议、协会或者社交软件认识的朋友。一桌人坐在一起，各行各业的都有，卖汽车的、做软件的、搞绿化的、开网店的、开驾校的、做互联网金融的……一顿饭吃下来，推杯换盏，宾主尽欢。

但是应酬过后呢？卖汽车的和做软件的能发生什么关系？搞绿化的和开网店的能发生什么关系？开驾校的和做互联网金融的能发生什么关系？其实全都没有关系，既浪费时间，又没有任何价值，除了让自己像个社交界红人，好像人脉有多么宽广外，根本没什么用。

我的一个朋友，做的是传统行业领域的创业。他有一个很大的爱好，就是每周都要约很多业内同行一起吃饭。因为他比较热情，所以也经常喊我这个局外人参加他的饭局。有一次我问他："你经常请这么多人吃饭，是为什么呢？"他说："大家可以交流信息啊，看看哪里有商机，哪里有新项目，可以合作嘛！"我问："那你和这些人合作了几个项目了？"他说："唉，大家都缺项目啊，暂时还没有合作。"我立刻明白了这类饭局没有意义的原因：这不是一群饿狼在一起讨论哪里有羊吃吗？谁会把自己还没吃到嘴的羊的信息透露给别的狼呢？

当然，在社交过程中，通过观察别人的创业过程和项目实施情况，吸取经验教训，在他们的基础上做得更好，这样的交流是非常有必要的，也是非常有价值的。对此我并不反对，如果是这样的有效社交，多参加是有必要的。

那么，什么是有效的社交？我认为至少要具备以下三个特点。

1. 要能找到对的人

最好是志同道合的人，彼此的价值观相似，互相可以得到支持，可以产生共鸣。

2. 彼此有内容聊

对某些事情有共同的兴趣和目标，比如都对市场营销感兴趣，在一起能聊产品发展方向、市场营销策略等。

3. 有结果

比如可以相互拓宽思路，挖掘更多可能性；或者可以互相出谋划策，破解迷局，开拓眼界。

其实以上标准适用于任何群体的社交。

创业者应该如何选择适度、有价值的社交行为呢？在我看来，创业者的社交应该聚焦于与创业紧密相关的四个方向。

1. 你的客户

客户是你的上帝，倾听他们的声音是最重要的工作之一。

作为一个初创公司，产品是公司生存发展最核心的要素。如何将产品最优化，客户的反馈是最重要的参考。所以，创业者应该多走到销售和服务的一线去，和客户面对面沟通，在传达你的理念的同时也倾听他们的意见。

创业者在与客户接触时，如果能收获一批忠实的种子客户，这些种子客户可以叫“粉丝”，也可以叫“拥趸”，形成长久的、良性的互动，那么对产品的成长以及公司的发展都是有很大好处的。

你的社交软件里，与其加很多点头之交的“会友”，还不如多加一些你的客户，社交软件很难让你和“会友”建立紧密的关系，但恰恰适合于你和你的客户，关系远近可控，相处空间适度。如果做得好，你的朋友圈还可以变成宣传产品的自媒体。

2. 你的融资

财务投资人是你的天使，定期和他们保持沟通是你的责任所在，一方面你要和已投资的投资人保持沟通，另一方面你还要和未来的潜在投资人进行接触。公司发展的各个阶段都有不同的融资需求，需要创业者不断地向不同的投资机构推介自己。

见投资人是一项长期的工作，必须有计划地做，千万不要临时抱佛脚。找到合适的投资人是挺难的事情，见得多，机会才多。创投圈，本身就是一个“圈子”，不花点功夫，是进不了这个圈子的。

3. 你的供应链

供应链通常是指合作伙伴。一方面，你和他们有直接的利益关系，彼此的交流会比较坦诚；另一方面你们属于同一个行业，或者是不同行业的同一类分工，对彼此的专业比较了解。多和他们沟通更加有助于你了解这个行业的变化，并将这些变化运用于公司的经营上，比如将某一项最新的技术，通过供应链融入你的产品中，来帮助产品升级、迭代，或者帮助节省成本、提高工艺。与这类合作者沟通所产生的信息交流才能真正帮助你扩展视野，这要比去关注AI又赢了哪个棋手有价值多了。

4. 你的同类

每个人都有朋友，有的朋友适合在一起喝酒吃饭，有的朋友适合在一起钓鱼或者远足，有的朋友可以在一起聊企业管理、创业心得、运营策略。

最后这一类，就是你的同类。创业者一定要有这样的同类圈子，否则就变成了孤军奋战。这样的圈子，不追求人的数量，但一定要追求人的质量。如何评判质量高低？我认为最起码的要求是志同道合，彼此有共同的价值观。

这样的圈子要有价值。那如何评判是否有价值呢？最基本的标准就是彼此可以享受到分享和获得的乐趣。分享，就是将自己的思想告诉别人，对别人有启发。获得，就是接收到别人的知识，对自己有帮助。

所以这样的圈子要和自己的水平对等，既不能鸡同鸭讲，也不是越高大上越好。初创公司的创始人，即便参加再高大上的论坛，也未必算得上有价值，因为没有与自己所处阶段相适应的分享和获得。

创业者还可以花少量时间去接触政府主管部门，比如科技局，以了解一些政策和资源信息，但不要花太多时间在这上面，每个月最多半个小时就够了。现在公务员的工作压力也是很大的，尽量别去给人家添麻烦。

总体来说，创业者要尽量少花时间去做无意义的社交，要多练内功，做好自己的产品和运营推广。练内功不容易，当社交达人很容易。如果你已经是内功高手了，已经“炼出”了天下无敌的产品，那么再回过头来练习社交技能，就易如反掌了，甚至根本不用练习，到那个时候，你说什么都是对的，谁会在乎你用什么方式说呢？

反过来，一个社交达人，如果没有过硬的产品和业绩，即便口若悬河，谁又会听他的呢？即便这时再转过身来，想“炼出”天下无敌的产品，又谈何容易？

所以请创业者，先成内功高手，再做社交达人！

第3章

团队文化

第一节>>>

团队文化建设

作为一个创业公司，团队文化非常重要。为什么这么说呢？一个公司的管理主要依赖两点：一是制度与流程，二就是企业文化。制度流程和企业文化是维持一个公司正常运转的两个基本要素。

制度解决的是责任配置、权力配置和利益分配的问题，流程解决的是作业如何运转的问题。而企业文化则主要解决另外两个方面的问题：一个是创新能力，一个是沟通效率。

好的企业文化可以提高团队成员的工作积极性，促进团队成员自动、自发地思考工作，主动地改进工作，从而形成一种积极进取的团队氛围，进而提高创业团队的创新能力。

好的企业文化，还可以让团队的每个成员相互信任，信任会带来主动性和积极性，当出现问题时，团队成员之间会主动沟通，并相互帮助、相互支持，进而大大降低团队的沟通协作成本，提高团队解决问题的能力。

作为一个初创公司，应如何打造自己的企业文化呢？

一、明确责权利，引导价值观

责权利制度是一个公司正常运行最基本的管理制度。关于明确责权利的相关内容，在前面的章节已经讲过，这里不再重复。这里重点说说责权利制度对企业价值观和企业文化的影响。初创公司在设计自己的责权利制度时，不仅要考虑责任配置、权力配置和利益分配的问题，还要考虑这种制度是否能与公司自身所要倡导的价值观相匹配。

一个公司对研发团队责权利的定义，可以有几个方向：可以创新为主要方向，也可以效率为主要方向，亦可以客户需求为主要方向。不同的方向所表现出来的价值观是不一样的。以创新为主的责权利定义，所倡导的价值观就是不断革新、引领潮流，以技术优先作为公司的核心竞争力；以效率为主的责权利定义，所倡导的价值观就是高效、快速地完成产品的研发和迭代，不断推陈出新，以产品优先作为公司的核心竞争力；以客户需求为主的责权利定义，所倡导的价值观就是尽可能及时地响应客户及市场前端的需求，以提供最能满足客户要求的产品作为公司的核心竞争力。

公司对销售团队的责权利定义，也可以有几个方向：或以个人英雄主义为主要方向，或以团队作战能力为主要方向。以个人英雄主义为主要方向的责权利定义，强调的是销售人员个人业绩的衡量和评价，以个人能力为主要的利益分配指标，这种制度有利于业绩导向，适合于支撑体系相对简单的产品销售；以团队作战能力为主要方向的责权利定义，强调的是销售团队成员间的配合，以及后台支撑团队对前端销售的支撑，这种制度有利于整合团队资源，形成合力，适合于支撑体系比较复杂的产品销售。

所以一个初创公司在设计研发团队的责权利制度时，首先要考虑的是公司对核心竞争力的定义，而不能仅仅只是参考别的公司或者在网上下载一个通用版本。很多创业公司在创立初期，对自己的定位认识不清楚，在设计责权利制度时过于简化或者盲目，导致在后期的执行中过程与目标不相匹配，最后所形成的效果就会差一些。

不合理的制度设计，最后会影响到企业文化的形成。员工如果不清楚核心目标、不清楚工作重点在什么方向，就会分不清主次，抓不住主要矛盾，在工作中始终处于一种茫然的状态，无法发挥出主观能动性，最后只能听命于安排，成为一颗“螺丝钉”。这对初创公司是致命的，在这种状态下所形成的企业文化也是没有活力的，甚至会给初创公司注入一种不好的“基因”，为公司的长远发展带来负面影响。

所以初创公司设计的责权利制度要与公司自身的价值观相吻合，通过制度设计来引导团队价值观，为形成好的企业文化打下基础。

二、评先、奖优、罚劣，累积正能量

企业文化的形成不是只靠嘴上说说或者是在会议上进行传达就能实现的，而是需要在日常的管理过程中，以各种涉及员工切身利益的管理行为来潜移默化地影响和引导的。这些管理行为当中，最有效的就是评先、奖优、罚劣。对有助于形成良好企业文化的行为，公司管理者要旗帜鲜明地进行表彰，通过评选先进、奖励优秀员工等方式，明确地传递正确的价值观；对有损良好企业文化的行为，也要明确地加以制止或者批评，甚至进行处罚。

通过评先、奖优、罚劣等方法，可以在团队中累积正能量、消除负能量，这实际上是在隐形中树立各种标杆、设立尺度，引导员工形成价值标准，这种价值标准就是形成企业文化的基础。

一般情况下，在公司的初创阶段，团队人少、事多。很多创业者基于不同原因，觉得进行评先、奖优、罚劣等工作必要性不大：比如不想打击部分团队成员的积极性，比如想节省部分成本，比如觉得人少做评比没有什么意义，等等。但是，一个公司的文化基因是在公司开始运营那一刻就开始逐渐形成的，创业者应该“勿以善小而不为”。

同时创业者也要明白，评先、奖优并不是一定要花钱的。奖励分为物质奖励和精神奖励两种，适当的花钱是有必要的，但是也有很多种精神奖励的方式，比如在部门班组评选今日之星、明日之星，在公司层面评选各种有趣又有意义的光荣称号，并且在不同的范围进行常态化的张榜公布等，这样既可以活跃公司的工作气氛，又可以达到树立标杆的目的。

我认为初创公司的创业者应当重视每个季度的优秀表彰工作和每个年度的先进评选工作，以及日常管理中的批评纠正指导工作。做好这几件事，抵得上日常工作中说的千言万语。

三、通过集体活动激发团队活力

很多创业者都希望公司员工把公司当成家一样来经营和付出。但实际上在管理过程中，一方面，创业者不可能像对待家人一样来对待公司下属，因为公司经营的最终目的毕竟还是要高效率地达成工作成果；另一方面，员工也不可能无私付出，他们工作的根本目的是为了获得维持生活和发展的薪酬以及提升自身能力的发展空间。

这就出现了一个矛盾：如何调和公司目标和员工目标之间的差异。开展集体活动是调和这种矛盾的一种“润滑剂”。开展一些必要的集体活动可以起到加强沟通交流、增进了解、激发团队活力的作用。

在刚开始创业的时候，由于公司发展的压力，我忽略了这方面的工作，后来渐渐地发现员工的激情很难继续靠平时的语言激励和说教进行维持，他们的情绪渐渐变得消沉，团队的氛围变得沉闷。于是，我听从别人的建议，组织了一些集体活动。我发现开展集体活动之后，不仅员工的情绪得到了极大的改善，团队内部的沟通协调也变得更加顺畅了，团队中每个人也能更加积极主动地思考工作中的各种问题了。

这主要是因为，一方面，团队成员之间的沟通变得更加紧密，大家聚在一起讨论的时间增多了，在这种讨论的过程中，思想的火花不断碰撞，产生了很多新颖的想法和思路，大家的工作效率得到了提高，而原来比较沉默的员工也开始变得比较活跃，整个团队氛围得到了极大的改善；另一方面，员工和我的沟通也变得更加主动，原来他们的很多想法要么不敢说，要么羞于说，现在却变得更愿意在我的办公室坐下来，和我谈谈他们的想法，给了我很多启示和提醒。这时，我才发现员工的主动性不仅取决于他们自身的主观能动性，也受到他们想表现出这种主动性时所面临的沟通障碍的影响。消除这种障碍，主要靠创业者主动消除与员工沟通的层级距离，只有当员工感觉你和他的距离很近，且易于沟通时，他们才会更有动力地站在全局的角度思考并提出建议。

这一情况给我的另一个启示是：创业者如果感觉到自己和员工的沟通出现了问题，不要急于从员工的角度找问题，而要首先从自己的角度考虑。因为消除这种沟通障碍的钥匙不在员工手里，而在创业者手里。如何消除这种沟通障碍，除了谦虚的态度、善于倾听的习惯以及日常表现出的亲和力外，还需要让员工看到你本真的一面，让他们了解你，消除他们的戒备心和不确定感。他们对你了解越多，就会越愿意和你接近。而创业者表现出自我本真一面最好的时机不是在办公室里，而是在工作时间之外的集体活动当中。

适当的集体活动，虽然不能完全消除公司目标与员工目标之间的差异，但是可以让员工和创业者更加有意愿去求同存异，同时也更愿意站在对方的角度去考虑问题，以使双方的共同利益最大化。这也就是创业者通常所追求的“以公司为家”的氛围吧。所以，要建立公司的文化氛围，创业者千万不要吝啬一定的时间和金钱。磨刀不误砍柴工，适当的集体活动会大大促进企业文化的正向发展。

四、标语不能只挂在墙上

很多创业公司为了鼓舞士气、传递公司的价值观，都会在公司的墙上挂一些标语。对此我要说的是：不要让标语只挂在墙上。

我曾经在一个公司见过一条很著名的标语，这条标语可能很多人都听说过：“1.01的365次方等于37.8，0.99的365次方等于0.03。”别人每天只比你努力多一点，时间久了，就会超过你很远。这条标语的大意是这样的。

但是这家公司的老板每天都是10点多才上班，下午2点多就下班了，员工因为有考勤系统的限制，只能朝九晚五，可是老板不在的时候，他们不是出去逛街就是在办公室打游戏，只为消耗时间。这样的公司挂这样一条标语有什么意义呢？

如何让标语不仅仅只挂在墙上？我认为至少要在两个方面做一些细致的

工作。

一方面，所挂标语要符合公司的价值观，不要看见某条标语不错就挂上。好的标语很多，但并不是每一条都适合每一个公司。例如，“立足新起点，开创新局面。”这样的标语，就只适合那些改革求变的老企业，不适合初创公司。我在创业的初始阶段，在公司挂得最显眼的一条标语是，“破釜沉舟，百二秦关终属楚；卧薪尝胆，三千越甲可吞吴。”我希望用这条标语来激励团队的工作激情，同时也提醒团队当前公司仍处于起步阶段，没有半点松懈的资本。

另一方面，所挂标语必须成为团队成员的行为准则，不要变成空谈。通常情况下，在办公区域挂上标语的目的是希望这条标语成为激励、指导大家工作的准则。要让这样的准则落到实处，就必须在日常的工作中自上而下地贯彻执行，落实到工作过程中的方方面面。如果一条标语只是挂在墙上，而没有落到实处，甚至反其道而行之，那就不是提醒而是一种嘲讽了。在员工的眼里，这就会变成公司只做表面工作的证据，会进一步削弱员工对公司的认同感，这就不是在建设企业文化，而是在毁掉企业文化了。

五、知难行易或者知易行难

知易行难还是知难行易？这其实是一个哲学问题，不同的情形下，不同的个体对此的理解都不尽相同，很难有一个统一的答案。所以，我们在这里并不是要回答这个问题，而是要借此强调在管理过程中，创业者要根据不同的情况，以明确知难行易或者知易行难为切入点，建立以结果为导向的考核评价体系。

基本上每一个公司都存在很典型的两种人，一种人嘴上很厉害，说什么都是一套一套的，貌似什么都懂，但就是什么事都做不好，“一听就懂，一讲就会，一做就错”；而另外一种人，不爱说话，也不喜欢沟通，本身悟性不足，又不爱学习，不过人很老实，做什么都听安排，虽做不出什么成绩，倒也不会惹出什么乱子，但你完全可以看到他10年后会是什么样子。这两种人都不适合在创业公司存在。前一种人属于知易行难那一类，后一种人应该可以算作知难行易那一类吧。

对于前一种人，创业者不可只听他说，而要看他的工作成果，但是很多年轻的创业者由于管理经验不足，往往会被这种人的言辞所迷惑，将其偶尔的成功归功于他的能力，将大部分的失败归咎于其所说的客观条件和外部环境。如果这样的人在公司被重用，那么不仅会影响整个团队的工作积极性和价值观，更会误导公司的决策者，为公司的发展埋下严重的隐患。

对于后一种人，由于其温吞的做事方式，创业者将不得不花更多的时间和他沟通协调，而其他团队成员也需要花更多的时间等待他的支撑和配合，这样的人从好的方面说是团队的短板，从差的方面说会给团队带来“伤兵效应”，一个伤病至少会拖累两个正常士兵的战斗力。如果这个人还是一个喜欢在团队中传播消极言论的人，其破坏力将会更大。而且，由于这种人平时就沉默寡言，创业者要发现其所引发的问题会比较困难，或者往往是在问题已经比较严重的时候才会发现。

初创公司的管理者，其主要的任务之一就是要引导团队形成积极做事、努力向上的文化氛围。要形成这种氛围，公司就一定要坚持以结果为导向的评价考核体系。只有坚持以结果为导向的评价考核体系，并同时坚持过程管理，管理者才能尽早发现问题，并采取适当的措施解决问题。

六、谈话是必修课

要建立好的企业文化，就必须持之以恒地将公司的价值观在团队中不断灌输和引导，并在公司运营管理的过程中，一点一滴地去实践。而这其中有一项工作是需要公司的管理者亲力亲为去做的，那就是和员工谈话。

谈话这个词，包含沟通交流的意思，也包括宣导和灌输的意思。谈话的内容可以有很多，除了工作，还可以包括生活、学习、个人兴趣等方面。

谈工作，主要是要了解员工对工作的看法。对于公司的运营情况，不同层级的人所看到的问题是不一样的，有时候一线的员工所看到的问题很可能是管理者的视线盲点，如果员工愿意敞开来谈，那么对管理者准确把握公司经营和管理状况是非常有参考价值的。同时，通过谈话，管理者还可以了解到这个员工的视角是否正确、发现和分析问题的能力如何，以及他是一个善于发现问题的人还是一个善于解决问题的人。有时候在这种谈话过程中，管理者会发现一些员工身上的闪光点，并碰撞出一些火花，对公司的发展会有积极的推动作用。

谈生活，主要是要了解员工生活中的困难或者问题，尤其是对一些核心员工，了解他们的思想动态，更有利于维持员工队伍的稳定，公司还可以借此机会帮助员工解决一些个人困难，以起到聚拢人心、提振军心的作用。同时，借此机会掌握一些核心员工的家庭状况，也更有利于促进管理者和员工之间的相互理解，更有利于工作中的衔接和协调。

谈学习，主要是要了解员工对自己职业生涯和发展规划的想法。员工工作的目的，一是为了薪酬，二是为了发展，了解了员工在学习上的计划和想法，就可以有意识地将公司的利益与员工的个人追求结合起来，相辅相成，两方面都能起到正向促进的作用，既稳定了人心，又最大限度地发挥了员工的创造力和积极性。同时，通过这种方式，管理者还可以在员工中发现可培养的后起之秀，那些努力学习、追求进步的员工，将是公司未来发展的有生力量。

谈个人兴趣，主要是从侧面了解员工的世界观、人生观、价值观。公司要发展，就要有后备的干部和人才，一个人的能力可以慢慢提高，但是三观正确与否是可以提前看出来的。而三观正确，是选拔和培养后备干部的第一考量因素。

在这样的谈话过程中，管理者不仅要会听，听了之后还要会谈，要从平等的角度去和员工交流，然后潜移默化地传递公司的价值观，让员工在感受到关心的同时，也逐渐接纳公司的价值观，使其成为他思维模式的一部分。公司的价值观在员工的脑海里获得了认同，对于企业文化的建设来说将起到事半功倍的作用。

所以，管理者学会和员工谈话是考验其管理能力的一项基本功。

谈话怎么谈呢？首先是选择谈话场合的问题，可以在办公室关着门谈，也可以去咖啡厅谈，还可以在路边摊喝着啤酒谈。其次是频率问题，对于新员工，在入职的第一周、第一个月和转正之前都应该有一次谈话；对于老员工、干部和核心岗位的员工至少每个季度谈一次，非核心岗位的员工至少半年谈一次。最后是切入点的问题，可以分为鼓励性谈话、异动事件沟通性谈话以及定向性的深度谈话。

通过这些谈话，管理者就可以有效地掌握公司上下员工的动态，并根据员工所反映的问题和意见，主动对公司可提升的管理措施进行优化和调整。而员工也有了被信任的感觉，同时也会对公司产生更多的信任感和主人翁意识。

当然，这样的工作方式，只适用于规模比较小的初创公司，人员规模较大的公司是不可能采用这种管理模式的。创业公司的规模不断扩大之后，创业者就必须学会授权和抓大放小。

以上就是我给初创公司的创业者提供的六点关于创建企业团队文化的操作建议。创业者可以根据自身的实际情况进行借鉴和参考。

第二节>>>

与员工沟通的技巧

在我国军队的各层级领导干部序列中，有一个具有中国特色的领导职位，叫政治委员，简称政委，政委是思想政治工作的执行者。军队实行政治委员制度，这对于保证党对军队的绝对领导、加强部队政治工作、完成党和国家赋予军队的各项任务，起着重要作用。我国军队强大的战斗力，很大一部分功劳要归功于扎实的思想政治工作。

同样的，一个公司要有战斗力，也需要搞好思想工作。思想、观点、情感的沟通，是培育与塑造企业精神与企业文化的重要手段。

一个公司不可能像军队一样设立一个专岗来做这样的工作。对于大中型企业来说，有工会或者人力资源部来承担类似工作，但是对于初创的小型公司来说，一是很难有中层干部能够承担这样的工作，二是企业文化的塑造还处于起步阶段，这就决定了初创公司的管理者，也就是创业者本人，必须具备相应的能力来承担此类工作。

创业者要承担这样的工作，在能力上最基本的要求，就是与员工的沟通能力。

事实上，管理的过程也就是沟通的过程。沟通是建立和提升企业精神和企业文化、完成企业管理目标的主要方式和工具。而企业管理人员沟通能力和水平的高低，也决定了沟通的效果。

下面我从三个方面阐述创业者与员工沟通时可借鉴的要点。

一、沟通的作用

1. 从员工的角度讲

一个公司的团队成员可能来自五湖四海、各行各业，具有不同的教育和成长背景，具有不同的价值观和世界观。如何把这些人的目标统一到公司共同的目标上来，如何把这些人的力量拧成一股绳形成合力，如何让大家的精气神凝聚到一个方向，都是创业者在创立公司时要考虑的问题。

要实现以上目标，除了靠公司的规章制度等显性手段，还需要沟通、说服这类隐性手段，以达到彼此认同。为什么需要沟通、说服，然后认同的这个过程呢？因为人都只相信自己所相信的，认同自己所认同的，但是由于成长和教育背景的不同，每个人所相信和认同的东西肯定有差异。在初创公司远期愿景的框架下，创业者有必要也必须让每个成员都相信：公司的目标可以成为个人的目标，公司的价值观可以成为个人的价值观。

创业者作为公司的创始人，对公司的愿景、目标和价值观是最清楚不过的。在初创阶段，企业文化刚刚萌芽，创业者应该抓住机会，把企业文化的基因固化下来。如何固化？就是通过和公司的每一个干部、员工沟通、交流，并潜移默化地进行宣导和灌输，让自己的理念能够深入到每一个成员的大脑中。

这个世界上最酷的事情不是把别人的钱装进自己的口袋（也就是我们常说的赚钱），而是把自己的思想装进别人的脑袋！

2. 从创业者自身的角度讲

人都是有缺陷和短板的，所以创业者要不断学习、要提高自己，就必须保持一颗进取的心。而你周围的创业伙伴和员工之所以能与你走到一起，肯定有他们的长处和优点。向周围的人学习是最快的提升手段。

如何向他人学习呢？最重要的手段就是沟通。通过沟通吸收别人思想里的精华，了解别人的长处，并尽量求同存异。更何况，好的沟通是建立彼此信任的合作关系的重要基础。

二、沟通的方式

沟通的方式至少有三种：单独沟通、集体沟通和会议沟通。不同的沟通方式适用于不同的场景。不同的情况下必须采用合适的沟通方式才能达到沟通的效果。对不同的情况采用不同的沟通方式也是重要的沟通技巧。

1. 单独沟通

如果创业者与员工沟通的内容涉及员工或者自己的个人情况，那就必须采用单独沟通的方式。这是因为沟通内容可能涉及个人隐私，沟通对象肯定不愿意在有第三方在场的情况下进行交谈。这也是人之常情，如果隐私得不到保护，任何人都是不愿意深谈的。比如，一个员工近期的工作状态不佳，有可能是家庭出现意外情况，也有可能是身体出现意外状况。如果创业者想找员工沟通聊天，以了解情况或者帮助其解决问题，那就最好关上办公室的门，两个人私下谈，而不是在公众场合询问。沟通方式不恰当，不仅达不到效果，甚至会引起当事人的反感。

如果创业者与员工沟通的内容，带有批评、指导、建议的意思，也最好采用单独沟通的方式。人都是好面子的，批评一个人最好在私下进行。批评的目的是为了纠错，如果在公众场合批评一个人，当事人会觉得面子上过不去，即便你讲得有道理，他心里还是会有抵触情绪的，其效果也会打折扣。当然，如果是想杀鸡儆猴，那就另当别论了，但这种情况不应该经常发生，否则整个团队会噤若寒蝉，陷入消极的氛围。

2. 集体沟通

如果创业者与员工沟通的内容，属于业务、技术、理念方面的，那最好采用集体沟通的方式，把同一类员工聚集到一起共同进行交流。这样的沟通方式有三个好处，一是事半功倍，可以用较短的时间让更多的人了解某一个想法；二是有利于所有的参与者相互学习、相互启发，甚至产生头脑风暴，迸发出灵感；三是让贡献出好想法和好点子的人有荣誉感，让参与者的热情更高。

但是在集体沟通时，创业者也要注意一个技巧：让管理层级低的员工先发言。如果管理层级比较高的领导先说了话，轻易就给谈话定了调，那同一个团队下的基层员工一般都会将自己的不同想法有所保留，以避免引起其上层管理人员的不快。这是人性使然，是无可厚非的，但是最高层的管理者要掌握组织这一类沟通的技巧。

如果创业者与员工沟通的内容，涉及表扬、赞美和鼓励某个员工或部门，最好也采用集体沟通的方式，比如当着全办公室所有人的面进行表扬和鼓励，或者在吃饭的时候当着很多人的面专门提及。这样做的一方面可以让被表扬或鼓励的员工有荣誉感，另一方面也给其他员工树立了榜样和标杆，让他们知道了获得表扬的条件。当然，对于形式更为庄重的表扬，比如季度优秀、年度先进、重大贡献等，最好采用会议的形式，以显得更加庄重。这一点与前面涉及批评的沟通方式相结合，简单总结就是：批评人要私下，表扬人要公开。

3. 会议沟通

如果创业者与员工沟通的内容，涉及公司重大政策的宣贯、重要事项的通知，那么最好采用会议沟通的方式，以彰显庄重和严肃。

如果创业者准备通过会议的形式讨论一些重大的决策，那么就应该在正式的会议沟通之前，先与部分将会支持或者可能反对的干部员工进行私下沟通，以达到求同存异的目的。这样做有两点好处：一是尽量将不同意见在会前进行消化，减少会议上的摩擦；二是尽量争取更多的支持，让决议在会议上更加顺利地通过。

如果创业者想给干部员工宣贯某些理念，比如企业精神、企业价值观或者个人的价值观等等，则可以根据宣贯内容的涉及范围来确定沟通方式。这种类型的沟通可灵活地选择沟通方式，可以用正式的会议宣贯，也可以用见缝插针的方式在私下场合进行宣贯。这也是考验创业者做思想工作的水平的地方。

三、沟通的技巧

上面讲了沟通方式的选择，那么具体到沟通的过程中，有哪些技巧可以采用呢？我有以下几点建议供参考。

1. 列出沟通提纲

创业者在与下属沟通时，首先要理清思路，明确自己的目的，对于要了解的事项有一个清晰的列表，然后在沟通中循序渐进地提出问题，引导下属的谈话内容，以获取相应的信息。如果领导者对谈话的要点都不清楚，谈话通常只会有两种结果：一是随意发散开去，所谈话题犹如天马行空，浪费了时间，效果却不好。二是丢三落四，沟通完了之后才发现这里忘记了一件事，那里又忘记了一件事，然后又要浪费时间重新沟通。

2. 不要直接否定

创业者与自己的下属沟通，尤其是在对某个事项进行商议的时候，如果下属表达出来的意见与自己的想法有差异，一定不要简单地去否定，更不要直接去说对方错了。

如果对方的意见存在不恰当的地方，可以针对其欠缺的地方，提出假设性的问题，让对方反思，进而让其主动修正自己的想法。这样做的好处是，既可以将自己的想法不知不觉地传输给对方，又可以让对方觉得补充完善的地方是自己的思路发散出来的，从而更有认同感。

这种春风化雨、润物细无声的管理风格，不仅可以让下属体会到工作的成就感，还可以增加下属参与沟通的兴趣和积极性。如果管理人员在与下属谈话时，总是习惯性地否定对方，那最后的结果只能是下属闭嘴不说了，免得总是被否定反而影响了领导对自己的看法。

3、让下属先说

很多情况下，管理者找下属沟通某件事时，其心里面对这件事一般都已经有了一个初步的决定，或者对于某些问题心中也可能已经有了初步的答案。但是即便这样，在下属说完他的想法之前，管理者一定不要急于表达自己的意见，不要自顾自地先说一番，如果把自己想说的都说了，下属还能说什么呢？善于倾听的管理者才是好的管理者，要注意尽量把说话的机会留给下属，让下属有充分的表达机会。

我在创业前，就曾经碰到过一种领导，让我很是苦恼。每次我去找这位领导请示或汇报某项工作，或者他喊我去他办公室商议某项事情，我开口还没说几句话，他就接过话头，然后开始滔滔不绝地进行演讲。我当然不敢打断他，只能听他不断地说下去。到最后，我要汇报或请示的工作，也没有机会说清楚；他要与我商议的事情，我也完全没有机会表达意见。后来我就养成了一个习惯，去他办公室带个笔记本做好记录就行了，我的脑袋里并不需要装什么东西，听他讲就好。事实上，这位领导对于工作的了解经常是浮于表面的，很多决策也都是基于自己的想象的，这常常让我们当下属的无所适从。

创业者，尤其是很多年轻的创业者，自信心比较强，做事又贪图速度和效率，便会显得比较急躁，但创业者一定要尽量避免类似情况发生。

4. 直接沟通

如果管理者要了解某一个下属的近期情况，或者是发现某个下属近期不在状态，想做做思想工作，就请务必直接和这位下属进行沟通。作为管理者，最忌讳的一种做法就是向一个下属打听另外一位下属的情况。

不直接和当事人沟通，会带来几个不利的后果：一是所传递的信息有可能是不全面甚至是错误的；二是对方知道后会认为自己不受尊重；三是会让其他员工觉得这个领导是一个喜欢“听小话”的人；四是可能会引起员工内部的矛盾，影响团队的团结；五是可能会让个别人产生错觉，认为自己有在领导面前评价其他同事的特权，这就会影响到团队的风气。

5. 私下慎重下结论

管理者在和下属沟通讨论某一事项时，如果双方讨论的问题属于公司业务范畴，且涉及的人员范围仅限于这个沟通对象，那么管理者可以当场下结论，以便让这个当事人获得一种成就感和认同感。

但是，除此之外的其他情形，比如双方讨论的问题虽仍属于公司业务范畴，但是涉及范围不局限于这个沟通对象，那么管理者一定不要当场下结论。即便事情已经了解清楚，管理者心中也已经有了计划，也不要当场说出来或者当场做出某一个决定。这样做的原因同样是要避免让下属产生错觉，误以为自己有参与某些重大决策的特权。

对某件事的结论必须在适当的场合、适当的范围，以适当的形式公布出来，这样做一方面可以维护管理者的权威，另一方面也可以保护下属的心态。

6. 不要想当然

管理者在和下属沟通的过程中，如果下属的意见里有让自己感到很诧异的想法或者建议，管理者一定要沉住气，不要急于想当然地进行否定。因为越是令人奇怪的地方，就越有可能出现想象不到的情况，这种意外有可能是好事，也有可能是坏事，所以，很有必要针对这个问题进行深入的讨论。但在此之前，管理者一定不要想当然，要沉住气。

没有什么事情是理所当然的，也没有任何事情是绝对的，作为管理者，不要太自信于自己的所闻、所见、所思，在任何时候，要让别人把话说完，尽量听取别人意见，多参考别人的经验，然后在此基础上多反省、反思，这样才能发现自己的问题。有时候，即便是我们自己再确定的事情，用别人的方法或者思路试一下，也会有意外的发现和收获。

珍惜别人的意见，尊重别人的经验，才不会失去别人帮助自己纠错和做出正确判断的机会。无论外部环境中充斥着多少浮躁的气氛，创业者都必须沉住气静下心来，少犯错误、不断进步，这样才能走得更远。

第三节>>>

计划比想法更重要

高效的执行力是团队文化中最重要的组成部分。团队执行力的强弱除了与团队成员的个人能力有关外，还与整个团队的行动组织能力有关。任何一个团队要想有较高的执行力，都必须在行动组织上多下功夫。

在这一节，我将提高团队执行力的个人经验分享给各位创业者，其中最核心的思路就是：计划比想法更重要。要善于用计划为团队指明方向和目标，用计划将梦想变成可执行的步骤，并用执行计划的过程推动团队快速前进。

一、长期规划

创业公司一般都会制定一个公司的发展目标。根据不同公司或者创业者的想法，这个目标可大可小，时间可长可短，通常情况下，公司都会有3年、5年或者10年的规划。这个规划决定了公司的发展路径，以及最终所要达成的结果。

制定发展规划，就要对实现目标的步骤进行分解。古语说：不积跬步，无以至千里。任何一个远大的目标都是通过一小步一小步的实施来实现的，一蹴而就的事情比较少。

1. 好的发展规划的作用

（1）好的规划可以指导一个公司的发展路径和步骤。这种规划可以细化到公司的每个业务单元，从而在比较高的层面指导公司的中高层管理人员的行为，在全公司实现统一目标、统一思想、统一行动纲领，让管理人员和员工都能做到心中有责任、肩上有担当，同时心中有所戒，如此方能行而致远。

（2）好的规划可以保证公司在发展过程中，无论遇到什么样的情况，都可以紧盯目标，而不会受到外来因素的影响。有一句话是这样说的：永远不知道意外和明天哪一个先到。其实这句话不仅适用于人生，也适用于公司的发展。公司在发展过程中，不可避免地会出现各种各样的意外情况，比如产品受市场欢迎的程度低、技术研发能力跟不上产品发展的需要、销售团队的销售业绩达不到预期、客户回款的时间影响公司的现金流等。当各种各样的意外出现时，公司的创始人和管理人员必须能够稳得住，“不管风吹浪打，胜似闲庭信步。”但是要有这样的气度，就必须心中有数，心中有“阡陌”就不会乱了方寸。这种“阡陌”，就是规划。好的规划是一个公司发展的定海神针。

（3）好的规划，可以增加创业者抵抗外界诱惑的能力。公司在发展过程中，除了会受到意外情况的影响，还会受到外部环境的影响。公司要发展好，创业者要取得成功，除了努力，更需要坚持。尤其是在公司发展处于瓶颈期或者黑暗期的时候，是非常考验创业者定力的。有的创业者很聪明，什么赚钱做什么，但是从长期来看这并不是好事，因为过于频繁地调整公司的发展方向，并不利于公司形成核心竞争力。而有的创业者则很有韧性，坚持一条路不懈地走下去，最后开花结果，形成独特的亮点。我认为后一种创业者成功的可能性更大一些。如何用外部工具增强创业者坚持下去的决心，我想其中一个比较重要的工具就是规划，有了好的规划，公司的发展路径就会更清晰，那么即便在瓶颈期，创业者也可以不忘初心，坚持按照发展路线走下去，更不会轻易产生恐慌或者怀疑的情绪，不会出现一步错步步错的情况。

2. 如何制定公司的长期规划

如何制定好一个公司长期的发展规划，我推荐采用的一种方法就是倒推法。

用倒推法，首先要确定目标，比如公司的年度销售收入在3年内要达到1000万元，这就是一个可量化的目标。有了这个可量化的目标，就比较容易做出一个可量化的计划。在制定目标时，不建议制定难以量化的目标，比如在5年之内将公司发展成为一个全国知名的公司，这样的目标就不好量化，也就会导致不好量化的实施计划，最后会导致难以衡量每个阶段所要达到的效果。

有了可量化的目标之后，我们就可以把目标再分解为几个可量化的小目标，比如分解为：第一年实现销售收入200万元，第二年实现销售收入500万元，第三年实现销售收入1000万元。定下这些目标之后，我们就可以对公司的各个业务部门的发展做出规划：研发部门需要在第一年的什么时候完成产品的研发和生产，第二年需要做出什么样的新产品，同时对原有产品进行更新迭代，以及第三年要完成哪些工作；市场销售部门需要在第一年建设怎样的销售体系，第二年、第三年需要将销售体系扩大到怎样的规模，覆盖到怎样的范围，以及确定怎样的销售政策；人力资源部门需要为上述两个部门准备怎样的人才队伍，并拟定出员工招募、培训计划以及人力成本的使用计划；财务部门则根据以上部门的规划，制定出每年的成本配比计划，计算出利润率水平，并以此反馈给销售部门、研发部门、人力资源部门，指导他们调整各项成本投入额度，并拟定现金流计划，给公司管理层提出资金使用要求以及融资需求。

通过上述工作，我们就可以将公司在一个较长时期内的发展路径及方式，变为一个比较清晰的作业计划，来指导各个业务单元的工作。每到一个阶段性的时间点，公司管理层和部门管理人员就可以对公司的发展情况进行对比分析，发现公司发展过程中好或差的部分，并进行相应的调整，在进度、效率、资金等各个层面及时发现问题、解决问题，从而保证最终目标一步一步地实现。好的发展规划，也基本上包含了公司各个业务层面的各年度绩效指标，对各个业务部门和业务部门的负责人的工作都可以起到指导性的作用。

但是制定这样的发展规划一定要符合实际情况，不能拍脑袋、放卫星，各种数据都必须有依据。不切实际的目标不仅不能指导公司的经营，还会带来各种负面影响。通常情况下，只要最终的总目标是符合实际的，利用倒推法制定的各阶段的目标也会保持一定的合理性。

二、短期计划

短期计划的运用方式和长期规划的运用方式是完全不同的，长期规划主要用于公司发展规划和目标的制定，短期计划则主要运用于公司内部各部门及员工的具体工作的指导和约束上。

通过长期规划提高团队的执行力，主要体现在明确宏观目标之后，长期规划可以对各级管理人员的行为进行指导，让各级管理人员有方向、有目标，确保各项行为或者决策符合公司的行动纲领，避免出现大的偏差。短期计划则是一种工作方式和管理方法，对管理人员和基层员工的日常工作做出约束性的要求，并以此形成绩效考核指标，根据推进的情况进行动态调整。做好短期计划，可以避免各级工作人员出现工作失序的情况，其根本目的就是提高团队的整体执行力。

一提到短期工作计划，很多人的脑袋里就会浮现出很多公司在管理中经常使用的两个工作计划表——周工作计划表和月度工作计划表。为了提高团队的执行力，很多公司会让干部和员工自己（或者由其上级）拟定每个人相应的工作计划表，以周为单位的叫作周工作计划表，以月为单位的叫作月度工作计划表。这种工作计划表的管理方式，在不同的公司所产生的效果是不一样的，有好有坏。对此各位创业者可以根据自己公司的情况酌情参考。

我向创业者推荐的方式是我在管理过程中比较喜欢采用的一种方式——工作记录本方式。在我看来，这种方式比工作计划表更适合中小型初创公司。

工作计划表方式与工作记录本方式有两点不同：首先，工作计划表方式通常是以周或者月为时间周期拟定的，而工作记录本方式是动态的，不以某一周期为基础；其次，工作计划表通常是由员工自己拟定或者其上级拟定的，而工作记录本方式则是本人及上级均参与拟定的，并相互制约和监督，员工和管理层都有自己的记录本。

利用工作记录本方式提高团队执行力的要点：

1. 工作记录

工作计划表方式有电子版的，也有纸质版的。而工作记录本方式则明确要求必须是纸质版的。通常情况下，公司新员工完成入职培训之后的第一件事情就是领取一本纸质的笔记本作为自己的工作记录本。

每个人从开始领到工作记录本起，就开始记录每月的工作任务，并按照领到任务的日期进行分类记录。比如，第一天领到3项工作，则在当日的日期下，将这三项工作记录下来，如果某一项工作还有需要注意的细节以及要求完成的时间，则在这项工作后面进行标注。除了从上级那里领到的工作，员工还需要将自己的计划罗列在工作记录本上，并注明计划完成时间。工作记录本上将会包含员工领到的工作、自己计划的工作，这样就形成了员工完整的工作内容表。

中层管理人员的工作记录本上应有从上级那里领到的工作、自己给自己安排的工作、安排给下属的工作以及下属要求提供支撑的工作。企业管理层的工作记录本上的内容则包括安排给下属的工作、自己要完成的工作以及下属要求提供支撑的工作。

公司各级人员按照工作记录本上记录的任务开展工作，每完成一项，就在后面打一个对勾或者叉号做标记。如果工作完成后需要向上级进行汇报，或者需要与同级、下级进行对接沟通，则必须在对接沟通或者汇报完成之后才能做标记。

通过这样的方式，公司的各项工作按照管理层级，在每个人的工作记录本上都有体现，并且相互印证和制约。每周周例会、项目讨论会等会议上，从公司管理层开始，每个人要对工作记录本上的工作进行对标。公司管理层首先对自己的工作进行对标，是否完成了自己安排给自己的工作，是否完成了下级需要支撑的工作，然后再检查要求下级完成工作的完成情况。中层管理人员则首先汇报是否已完成上级安排的工作，然后汇报自己安排给自己的工作的完成情况，最后对标下级要求提供支撑的工作以及要求下属完成的工作的完成情况。基层员工则要首先汇报是否已完成上级安排的工作，然后汇报自己计划的工作的完成情况。

通过周例会或者项目讨论会上的通报（无论是公司层级还是部门层级），团队中每个人的工作完成情况一目了然，未完成的工作卡在了什么地方也清清楚楚。某项工作未完成，是员工的责任，还是中层的责任，或者是公司管理层的责任，大家都看得明明白白，谁都不能逃避责任，也不能推卸责任。

2. 注重过程

工作记录本的管理方式与工作计划表的管理方式最大的不同就在于：一个注重过程，一个注重结果。工作计划表方式侧重于注重结果，以每周、每月的工作计划执行结果作为评价的侧重点，对过程的管理控制不足。而工作记录本方式侧重于过程，每一项工作对每一级人员的实施及配合要求都非常明确，通过过程正确来确保结果正确。

工作记录本的管理方式，对于团队中每一层级的成员的工作安排都是动态的。比如，总经理和部门经理就某一项工作进行讨论时，发现有几项工作需要进入工作日程，就分别在自己的工作记录本上将工作内容记录下来，形成工作计划。部门经理在部门内部也可以及时将工作安排给相应的员工。对于彼此要相互支撑的工作，也明确相应的时限，对自己形成约束，以保证整项工作按时完成。

工作记录本的管理方式，不仅对于工作的安排是动态的，对于工作结果的检查也是动态的。每一层管理人员，随时可以打开自己的工作记录本，回顾全部工作计划，哪些工作已经完成，哪些工作还没完成，哪些工作已经超出了时限或者没有得到回应，一目了然。对于超出了时限没完成或者没有得到回应的工作，可以及时过问，并召集相关人员进行讨论，看看是否出现了问题或者追究延误的原因是什么。每天早上每一个成员对工作进行一次回顾，并不会耽误太多的时间，但是对于工作进程的推进却是有非常重要的促进作用的。我非常相信这句话：只有过程正确才能保证结果正确。

当然，这样的管理方式对于公司管理层和中层干部的要求是非常高的，因为每天都必须检查工作的推进情况，同时还得进行动态的调整。通俗地讲，就是每天早上都要翻开自己的工作记录本，看看有多少工作还没有做标记。但是，作为一个创业公司，不追求高效率是不行的。一个创业公司只有保持高速前进，只有保证各项工作步步衔接、快速实施，才能在激烈的竞争中脱颖而出、站稳脚跟。

3. 追求变化

工作记录本的管理方式，还有一个特点就是追求变化。

首先，每一个团队成员打开自己的工作记录本时，看到自己的工作记录上还差多少标记没做，就知道自己还有多少任务没有完成。每天如果不做上几个标记，何以面对自己一天的时间损耗？只有当天有工作完成，才说明当天做出了成效，时间没有白费。而每天、每周完成工作的数量和质量，也体现了自己的工作能力。每天都有工作完成，就说明自己的工作在推进、在发生变化。

各级管理人员翻开工作记录本，稍做分析就知道哪一个干部或者员工的工作是效率较低或者成果较差的。动态的工作安排和工作检查，使得每一级干部员工必须每天都推进工作。

其次，各级人员翻开工作记录本，将本月的工作和上月的工作进行对比，就可以很明显地看出，一个阶段的工作之后，自己的工作内容与上月的内容是否有差别，是否获得了阶段性的进步，是否取得了新的成果。简单的对比，就可以知道自己的工作是否每天都在发生变化，而不是原地踏步、重复劳动。作为一个初创公司，必须每天都有变化才能发展，而这些变化是靠每一个团队成员的变化累积起来的。

工作记录本的管理方式，是我比较推崇的一种执行力管理方式，它不仅将团队的各个成员和管理层级整合成一个整体，还将工作的结果和效果变成了公开化的相互监督和制约，推动团队每一个人在自己的岗位上快速前进，谁落后谁就会感受到压力。而且这样的管理方式，责任清晰，压缩了“南郭先生”的生存空间，使得每一项工作都有落实的责任人，时间再久也不会被遗忘。

三、制定计划要避免的误区

制定计划一方面是为了给各项工作拟定目标和时限，更重要的是为了提高团队的执行力。但是有些团队在制定计划的过程中，往往也会进入以下误区。

1. 计划过于冗长

计划只是工作的提纲，而不是工作的说明书，因此计划必须简短，目标明确、时间明确即可。万万不可“为了计划而计划”，如果把计划变成了工作的主体，占用了大量的正常工作时间，就本末倒置了。

我曾经看过一些低效率的公司，管理人员由于自身不愿意或者因为业务能力有限，没有能力或者意识进行过程管理，但为了在上级或者员工面前表现出自己很注重工作推进情况的样子，于是每周甚至每隔三五天，就让下属提交工作计划和总结，然后进行圈阅，搞得好像自己真的很重视工作的推进一样。其实下面的员工浪费了大量的时间去做工作计划和总结，真正的工作反而没有有效推进。每年3月份的工作计划和9月份的工作计划内容差不多，那就只是做表面文章，自己哄自己罢了。

2. 计划流于形式

还有的公司表面上看起来非常注重工作计划，甚至将工作计划当作绩效考核的一部分，但是对结果却不重视，有计划无追溯，每个月员工交计划的时候，将上个月的计划改个日期交上去即可，完全流于形式。这其实是管理者懒政的一种表现。这样的公司是不可能有执行力的。

3. 计划不切实际

还有的公司或者员工写工作计划时，不深入思考，不结合实际情况，天马行空，做出的工作计划完全是假、大、空的。可偏偏有一些管理干部就喜欢这样的工作计划，最终导致的结果就是大家吹牛不花钱，领导喜欢什么写什么，反正最终结果要么是无人追究，要么是推给客观原因，长此以往，整个公司不看谁能干实事，而看谁能吹牛，这样的公司注定难有长远发展。

4. 独断专行

还有的公司管理人员在制定工作计划时，只按照自己的想法硬性地要求下去，而不考虑下属的意见，独断专行、刚愎自用，最终搞得下面的干部、员工要么疲于奔命，要么无所适从，这样的方式也是不合适的。制定工作计划时，除了要考虑公司的发展要求外，还需要考虑干部、员工的承受能力，更要考虑公司各种资源的配合情况。如果能通过制定工作计划调动员工的工作积极性和参与公司决策的热情，那才是真正提高团队的执行力。

这一节，主要讲如何将想法变成具体的工作计划以推动公司发展的一些方法，其主要目的是提高团队的执行力，形成好的企业文化。这也是创业者在打造团队文化时要考虑的一个重要方面。

第四节>>>

提升执行力小技巧

很多公司的管理者对创建企业文化存在一些认识上的误区，比如有的管理者觉得企业文化就像企业的产品那样看得见、摸得着，于是他们希望以抄近道、走捷径的方式来打造企业文化；有的管理者认为企业文化是雾里看花、空中楼阁，是可有可无的东西，不重视也无意识去打造企业文化；还有的管理者虽然重视企业文化，但是缺少方法，以为宣传培训、反复说教就是在建设企业文化，最终使企业文化变成了一种形式主义。

管理者要知道，企业文化建设不是写在书上、贴在墙上、喊喊口号就万事大吉的。塑造企业文化，必须脚踏实地落实到行动上，从一点一滴的小事做起。不积跬步，无以至千里；不积滴水，无以成江河。

如何塑造企业文化呢？最基本的方法就是以“正在做的事情”为中心，与一件件具体事情相结合，让企业文化理念通过具体的行动渗透到公司的各个工作环节中，让全体员工在工作过程中通过一件一件的事情，来贯彻落实企业文化。通过行为的塑造、思想的塑造，让全体员工积极参与，入脑、入心，并付诸行动，营造氛围，这样的企业文化才有生命力。

执行力在任何公司都是文化的一个重要组成部分，这一节就以如何提升执行力为例，来说明如何通过细节管理来创建企业文化。

一、会议

国内有一个很有特色的词叫“文山会海”，说的是很多企业或者行政机构，通过大量发文、频繁开会来推进工作，以至于过犹不及，不仅给下级部门带来了很大的麻烦，也降低了工作效率。但是从另外一个方面来看，发文和开会这两种工作方式，在泛滥成灾之前，对推动工作前进还是有正向的作用的，否则很多管理者也不会把工作侧重点都放在这两种工作方式上面。

在一个初创公司中，组织过多的会议不合适也没有必要。但是我觉得有几个会议是一定要定期召开的：周工作例会、月度工作总结会以及不定期的技术（业务）交流会。

周工作例会是最重要的一个会议，会议的内容应该包括上周工作复盘、本周工作安排、部门间协调沟通、重大事项通报以及经验心得分享等。

月度工作总结会的主要内容是对部门月度绩效、管理人员月度绩效进行通报以及对重大经营事项进行通报。

技术（业务）交流会主要是技术或者业务部门对本部门的专业内容进行沟通、交流、总结、提升，主要目的是提升员工的专业技能、提高工作质量和效率。

通过定期的定向性工作会议，检查工作落实和执行的时间、效率、效果，并将检查结果与公司各个层面的工作计划进行对照，最后根据对照检查的结论进行通报，奖勤罚懒、奖优罚劣，就可以使公司执行力的效率和效果管理形成一套体系，从而达到事事有回音、件件有落实的效果。

二、邮件

在部门与部门、个人与个人的日常沟通过程中，不可能什么内容都用会议的形式解决，而电子邮件则是公司各个层面，除会议之外最有效的沟通工具之一。但这也需要有个前提，就是公司各级管理人员和员工必须重视电子邮件办公这种形式。当然现在，99%的公司都非常重视电子邮件这种沟通方式，不重视电子邮件沟通方式的公司估计已经成为“古董”了。

在这里我想说的是，各级管理人员通过电子邮件进行沟通时，要养成好的“邮件习惯”。在邮件里面要将一件事情的前因后果、希望达到的效果、时限要求、需要注意的事项、包括的辅助资料等都写清楚，万不可把电子邮件当成短信。过于简单的电子邮件，既起不到信息传递的作用，也无法起到工作指引的作用。

我非常喜欢通过电子邮件处理工作，因为一封电子邮件可以将一件事情的方方面面都讲清楚，并且可以提出各种明确的要求，完成信息传递并进行工作交接。由于电子邮件具备可长期储存的特点，一封邮件所包含的内容，在任何时候都可以调出来重看，也就方便了信息的管理，也为团队执行力出现问题时进行复盘或者追责提供了便利。

但我也见过一些管理人员，他们不喜欢用电子邮件，只喜欢打电话沟通。电话沟通有一个最大的缺点就是在说和听的过程中存在信息流失的情况。现在也流行使用微信等工具进行工作沟通，其最大的问题是时间久了，历史信息很难查找，甚至会被删除。

除了邮件系统，适当使用一些便捷的工作管理系统也可以提高管理的效率，同时还可以对各项管理工作进行分类记录，我个人比较喜欢“阿里钉钉”。

三、公示栏

每个初创公司都应该有一个公示栏，如果公司人数比较多，则每个部门都应该有一个。公示栏的作用主要是两个：一是对定期的奖优罚劣情况进行通报公布，二是对重要的工作进行张贴提示。关于奖优罚劣对企业文化的塑造作用在前面的章节中已经说过，这里就不再重复。

一个公司或者一个部门，在某一个周期内都会有一项或者几项重点工作。为了做好此类工作，公司或者部门通常都会在工作启动阶段，明确责任人、时限要求、实施周期、各阶段完成指标、团队其他人员的配合支撑需求等实施要点，这些要点明确之后会落实到文字上形成工作计划。有了工作计划，就可以指导团队成员的工作行为，并将实施进程在每周的周例会上进行对标，以确保每个阶段的工作朝着正确的方向前进。

通常，我会将这样的工作计划打印出来，张贴到公司或者部门的公示栏上，直到此项工作完成。这样做就是为了让团队成员每天在办公室走动时，都可以看到自己近期的工作重点，时刻不忘工作的目标和要求。

当然这会涉及如何保守商业秘密的问题。如果张贴出来的工作内容涉及公司的商业秘密，那就必须做相应的处理。要么将公示栏放在外部人员不能随意进入的地方，要么就是将公示的内容做适当的保密处理。

四、知识管理

强化知识管理是提高团队执行力的一项非常重要的工作。知识管理，就是将团队在工作过程中所获得的知识、经验、作业规范、操作规程等以文字的形式显性地固化下来，并进行分享、交流、整合、记录、存取、更新、创新等工作。

任何一个团队，在刚开始运营时，所面对的产品研发、生产销售、客户获取、客户维系和发展、人力资源管理等方面的工作都是新的，而且在此过程中，还会面临员工流失、更新的问题。如果能将公司运营过程中所获得的各种知识、经验、作业规范、操作规程等留存下来，并形成公司运营的一整套制度或者方法，那么不但可以大大提高公司运行的效率，减少试错的成本，还可以让公司的管理更加顺畅。

1. 知识管理的内容

知识管理的相关内容在一些管理学书籍上有详细的介绍。作为一个初创公司，我认为至少应该做好以下几个方面的知识管理。

（1）客户资料管理。客户永远是一个公司发展的核心要素，管理好公司的客户资料，就是管理好公司发展的生命线。

（2）客户信息反馈流程。初创公司必须重视客户的信息反馈，而且要将这种反馈体现到生产、服务、研发的各项工作中，让这些岗位上的管理人员或者骨干员工听到客户的声音，这样才能让公司的产品和服务更加切合市场的需求。

（3）产品研发流程。初创公司的产品研发既要讲效率也要注重成本控制，要想将产品研发控制在公司资源允许的范围内，同时又最大限度地满足市场的需要，就必须有适合的产品研发流程。

（4）销售管理流程。销售是一个初创公司发展的动力源，做好销售管理工作，包括客户资料收集、预约、拜访、回访、签单、收款、二次挖掘等行为的标准化，就可以不断积累市场扩展的经验，提高团队的销售能力，为公司的发展壮大打下基础。

（5）销售支撑流程。除了销售管理，公司还必须有相应的销售支撑流程，这些支撑包括技术支撑、后勤支撑、绩效管理支撑等，好的销售支撑流程能让前线的销售人员心无旁骛地冲锋陷阵、攻城略地。

2. 如何进行知识管理

（1）在公司运行一段时间后，要及时进行经验总结，将一些好的规程和作业标准固化下来，形成工作流程。

（2）将优秀人员的经验进行分享，并形成文字，在团队中展开交流学习。这些资料还可以成为新员工培训的教程。

（3）对存在的问题进行讨论、分析，对于共性的问题抽丝剥茧，找出问题的关键，使一些隐性的问题变成显性的问题，并加以解决，然后将方法固化下来，并且让所有人知道解决的办法。

（4）借助IT系统进行知识存储、发布和分享，并形成公司的知识库，让一个人的所得变成所有人的所得，从而实现知识的循环使用。

五、绩效管理

要提高一个团队的执行力，营造好的团队文化，必须建立以结果为导向的考核评价体系，也就是绩效管理体系。在前面的章节中我强调过，对于一个初创团队，必须做好过程管理，而不能只进行结果管理。做好过程管理和建立以结果为导向的考核评价体系是不冲突的。

过程管理是管理者以及员工自身在工作中为提高效率、保证效果而采用的一种日常管理方法，而以结果为导向的绩效管理是对最终的工作结果进行评价，并与团队成员的个人回报挂钩的。这两种管理措施是相辅相成、互相促进的，过程管理得好，就能保证结果达到预期。而结果评价体系合理，又会促进团队成员积极参与过程管理。

一个团队要有好的执行力，就必须建立合适的绩效管理体系。所有的执行力，最终都是靠合理的激励产生的。通俗地讲，怎样的激励方式决定了怎样的导向，怎样的导向决定了怎样的行为。好的激励方式可以提高员工的成就感、调动员工的积极性、发挥员工的创造力、激发员工的潜能。

作为一个初创公司，在拟定绩效管理体系时要注意两点：

（1）要注意物质激励与精神激励相结合。物质激励满足的是人的物质需求，而精神激励满足的是人的精神需求，从马斯洛需求层次理论中我们可以看到，人的精神需求是高于物质需求的（当然前提是物质需求已经得到基本满足）。所以，管理者要将物质激励和精神激励结合起来，不能一说到激励就花钱。

（2）要注意激励的标准不能定得过高。对于一个初创公司，公司仍然处于起步阶段，未来还要面对很多未知的事情，甚至可能会出现很多意外情况。

如果一开始就把标准定得过高，那么不仅会增加公司的运营成本，还会降低公司化解风险的能力。比如说：如果公司发展非常好，超出预期，过高的奖励标准就会超出合理的范围，成为公司的负担。从另外一个角度讲，远远超出行业水平的激励标准所带来的绩效也未必是可持续的。

六、授权

一个团队要提高执行力，必须有适当的授权。这样做有几点好处。

（1）适当的授权可以培养团队的单兵作战能力。下属在获得适当授权的前提下，在具体的工作中，比如做决定、解决问题等方面，就可以发挥自己的主观能动性，并积极思考，从而获得自己的经验，得到成长。

（2）适当的授权可以激发团队的潜能。当下属被授权时，相应的责任和权力也都转移到了他们的身上，而恰恰就是这些权力及责任能够激发起他们的积极性，提升他们的敬业程度，并激活他们的责任感，从而激发他们的潜能。

（3）适当的授权可以让管理者更好地运用自己的时间。管理者通过授权的方式将部分责任与权力转移给下属时，自己就可以更好地组织时间做更有价值的事，而不是让自己深陷各种事务中脱不开身。

（4）适当的授权还可以提高管理者自身的领导力。授权并不仅仅只是将责任和权力下发，还要进行辅导和协助，以我个人的经验来看，这恰恰是带队伍过程中最难的一部分。对下属的辅导、协助以及知识经验的传递，不仅是对自己已有知识的再梳理，也是对自身知识传递能力的考验和提升，这也强化了管理者的领导力。

创业者在进行授权时，一定要避免一个误区：无条件的授权。很多创业者由于经验不足，在授权时通常会采用非常信任的方式进行授权。这样做，有时候效果较好，但很多时候却会事与愿违。

所以，无论在任何时候，授权都必须是有条件而且可控的。授权基于信任，信任基于反馈！任何授权都需要及时地反馈过程，如果你的下属获得了授权，却不及时给你反馈，只有两种可能：一是你自身在授权时没有把要求讲清楚，二是这个下属不够资格获得授权。授权之后如果没有反馈，就会导致下属有权无责，就有可能把事办砸。这其实还是之前的章节中所说的过程管理方法的问题，授权只是让下属获得责任和权力，但并不意味着管理者放弃了过程管理的责任。

七、做事五步法

我给创业者推荐一种工作方法，适用于日常的管理工作，这个方法叫作“工作五步法”，即计划、布置、执行、检查、反馈。这种工作方法在其他的一些管理书籍中也有提及，只是表述各不相同。

（1）计划：就是对一项工作先做好计划，包括时间、日程、责任人、相应的资源配合以及最后要达到的结果等。管理者心中必须对这一项工作有一个大概的轮廓，做到心里有数。

（2）布置：就是将这项工作布置给相应的责任人，并要将涉及的各个方面讲清楚，不仅不能让下属有疑惑，而且还要尽可能给予他指导和协助。

（3）执行：就是下属落实该项工作的过程。管理者在这个过程中，仍然要坚持过程管理。

（4）检查：下属执行完毕之后，必须对工作的结果进行检查，是否达到预期，是否满足要求，是否存在遗漏。

（5）反馈：下属完成检查之后，必须将工作的结果进行反馈，反馈的对象可以是上级领导，也可以是某个专题会议的参会人员。反馈过程也是复盘和经验积累、交流的过程。

这种工作方法，不仅适用于公司顶层的管理者，也适用于公司其他层级的管理者。如果一个公司的各级人员都能够坚持这种工作方法，那么整个团队的执行力是不会太差的。所以，这也可以成为一个初创公司全员的工作方法。

第五节>>>

慈不带兵

中国有句古语：慈不带兵。春秋时期著名的军事家孙子也有一句话：“厚而不能使，爱而不能令，乱而不能治，譬若骄子，不可用也。”说的意思就是，带兵打仗的人如果当严不严、心慈手软、姑息迁就、失之于宽，就会导致手下的部队“不能使”“不能令”“不能治”，当然就不能打胜仗。

管理公司也是一样的。一个公司要有生命力和战斗力，作为公司的“统帅”就必须能够把握“宽”和“严”之间的度。对公司的管理过于宽松，就会使团队失去战斗力；过于严苛，就会使团队失去生命力。管理者必须明白，对下属的严不一定是坏事，公司好了，员工的个人收入和各项福利才能得到保障，员工发展的平台才能稳定。对下属过于宽松，公司很难发展得好，最后的结果就是树倒猢狲散，大家各自去找新的饭碗，对谁都没有好处。

公司如何把握“宽”和“严”之间的度，管理者如何正确认识“慈不带兵”的含义，我觉得可以从以下几个方面来考虑和实践。

一、规矩比一团和气更重要

很多创业者在刚开始创业的时候，由于所经历的事情不多，对人性的认识还比较浅薄，所以心中自有一种理想主义的情节，认为依靠自己的人格魅力，可以吸引一批人在自己的周围，和自己一起打天下。这样的想法颇有古代侠士的风范和气魄。

正因为有这样的想法，所以在公司的管理过程中，这类创业者比较注重一团和气的企业氛围，希望能打造团结互信的企业文化，甚至期望公司的员工能够做到齐心协力、共同进退、风雨同舟。为了达到这种非常理想化的状态，他们甚至会在管理过程中时不时地有所妥协。

但在我看来，这样的理想主义状态是很难实现的。任何一个公司的管理，规矩一定比一团和气重要。如果一个团队的一团和气是以破坏规矩来维系的，那这个团队离失败也不远了。

作为一个公司的管理者，眼里一定要盯着四件事情，把这四件事情盯好了，才能考虑其他。这四件事情是：进度、过程、效果、目标。管理的最终目的是要将公司经营好，工作的进度、工作执行的过程、工作完成的效果以及公司所达到的阶段性目标是决定公司发展的核心要素，只有做好了这四件事情，公司才能持续地成长。

对下属的信任与托付是有必要的，但是不能因为无限制的信任而舍本求末，甚至放弃原则。由于所处的地位和角度不同，不同岗位的人对工作的态度和期望值是不一样的，出发点也会不同，比如对同一项工作，公司的所有者看重的是这项工作对公司发展的作用，而底层员工看中的是自己付出的时间精力以及所获得的回报的多少，这就会导致不同层级的人对同一项工作的心理预期和要求有差异。因此，完全的上下一心通常比较难实现。下属都会有自己的小心思，管理者要做的就是对这种小心思看破而不说破，在关键的事情上，心里要有分寸、要有主见，对下属的某些念头以“看表演”的心态进行处理，而将关注的重点放在他的工作是否达到既定目标上。如果没有达到目标，就不能再讲一团和气，必须就事论事，将问题摆出来，该批评的要批评，该改进的要改进，该考核的要考核。

任何管理行为，都必须以效率和效果优先，其他的管理手段都必须服从于这两个核心目标。

由于创业公司处于起步阶段，一次性将理想中的优秀员工招聘到位比较困难，有些员工只能凑合着用。等到公司有了一点规模、招人可能会更容易一点的时候，管理者就要开始对一些不合适的人员进行逐步调整或者洗牌，一味地追求一团和气是不现实的，还不如用比较强力的手段来优化员工队伍、提升团队的战斗力，为公司的发展打好基础。等到员工队伍优化得差不多了，再来谈和谐，也许更有价值一些。

二、维护公司制度的严肃性

公司的管理者在执行公司的管理制度，如考勤制度、奖惩制度、绩效评定制度等时，必须维护好公司制度的严肃性。

管理者对制度落实的尺度越宽松，管理的效率就越低。如果管理者在执行管理制度时过于宽松，从最基本的表现来看，就会出现同样的一件事情，在不同的时间或者不同的人身上有不同的执行结果的情况。这就意味着同一个制度在不同的时间和不同的人身上，执行的尺度是不一样的，这样就会导致员工的认知出现混乱，而这种混乱会诱使一些有小聪明的员工开始寻找投机的机会。如果这种投机屡屡获得成功，时间长了，整个团队都会养成投机的习惯，这对团队文化是非常有害的。

管理者必须明确一个概念：制度永远比人性可靠。公司的管理要避免人性的不确定性所带来的负面影响，就必须通过强化制度的执行来形成统一的标杆，为团队成员的行为划定界限和标准，让团队成员身有所正、言有所规、行有所止，这样的团队才有战斗力。

三、严格要求才是真的对下属的成长负责

有的创业者已经结婚生子做了父母，有的创业者还没有。可能做了父母的都会明白一个道理，那就是不能溺爱自己的孩子，要让孩子学会基本的做人、做事的道理，养成良好的生活习惯，养成良好的品德和性格，这才是真的对孩子好。这个道理，其实同样适用于公司管理者对待下属的态度。

一个管理者，其首要目的是要将公司经营好，其次就是要培养公司的干部员工队伍。如果管理者在经营好自己的公司的同时，能够让自己手下的员工跟着成长、学到本事，养成好的职业习惯，培养出好的职业道德和职业精神，那就不仅仅是为社会做了贡献，也是为员工自身的发展铺平了道路，这样的管理者也必将得到员工的尊重。

如何才能做到这些呢？我想除自身的言传身教之外，其中一个重要的方面就是平常的严格要求。

比如公司内部的腐败问题。在公司经营过程中，腐败行为总是或多或少地存在，有和代理商或者经销商合伙贪污公司营销费用的，有兼职给别的公司打

工的，有自己开店的，有虚报差旅费或者招待费的，有吃里爬外、内外勾结的，等等。这些腐败行为，只要一发现就必须立刻处理，情节严重造成不良影响或者屡教不改的，应该坚决开除。

比如考勤纪律。对于长期不能按时上班或者经常早退溜号的员工，放任自流不仅会给团队的氛围带来负面的影响，也不利于员工本人的成长。如果一个员工二十多岁还经常睡懒觉，长此以往养成了懒散的作风，对其自身的成长有什么好处呢？做一个假设，如果这个员工是你的兄弟姊妹，作为管理者的你会让他如此懒散吗？严格的管理才是为他的成长负责。当然，这有个前提，就是管理者自己必须做好表率，如果管理者自己都喜欢睡懒觉，那就别指望员工准时来上班了。

所以公司管理者的角色，不仅是公司的领头人，还应该是公司的大家长，必须为公司每个成员的健康成长、职业发展负责，做他们的引路人。

四、严格执行制度更能彰显亲和力

有的创业者，为了在公司营造宽松的氛围，特别注重展现自己的亲和力，希望以此拉近自己和员工的距离，获得员工的认同，并希望以此调动员工的工作积极性，使其为公司的发展付出更多的时间和精力，做出更大的贡献。

这样的愿望是好的，但是从辩证的角度讲，单纯展现亲和力，反而会让员工形成一种误解，就是这个管理者很好说话、很好相处，因此有可能在很多原则性的问题上也比较容易对付。如果员工有了这样的猜测并进行试探，而且试探出来的结果和他的预期是一样的，那么这个管理者的管理威信也就丧失了。为什么是这样的？人性使然嘛。人都是希望能够扩大自己的生存空间的，而不是自我限制的，如果他发现管理者的容忍边界是可以不断向后退的，那员工一定会将自己的生存空间不断往外扩。随之而来的是，员工的行为会越来越倾向于将自己保持在让自己舒适的状态或者更有利的状态，而公司的利益将会逐渐被忽视或者侵犯。

所以管理者绝不可以单纯地为了展现亲和力而丧失基本的管理原则。一个管理者，不但要有春风化雨般的亲和力，还需要保持员工对自己的敬畏。获得敬畏的源头来自管理者对价值观的坚持。这个道理很容易说明白：只有经历过风雨才知道阳光的可贵，只有经过冬天才能体会春天的温暖。管理者在严格执行公司管理制度的前提下，所展现的亲和力才是有价值的。

五、何以不慈而立威

这一节的主题是“慈不带兵”，那么“何以不慈而立威”？管理者如果能做好以下几个方面的细节，自然就可以树立自己的威信。

1. 不要以己度人

知名文化学者曾仕强教授曾说：“志同道合的同仁，由于人心善变，不久之后，可能变成志不同、道不合。各种内外环境的变数，更是随时出现。中国式管理主张依理应变，凡事依据原则，则因人、因事、因时、因地而应变，以求合理。”

作为管理者，在坚持原则的前提下，必须有一颗包容的心，面对一些琐事，有的时候要学会“装糊涂”。要想保持难得糊涂的状态，就要放下心中的执念（或者偏见），避免以己度人，要更加包容地站在别人的角度去考虑，或者求同存异，或者有知而无言。

这至少可以从两个方面来看，一方面是不要将自己的观点强加到别人的身上，每个人站的角度不同，对事物的看法就会不同，在自己这里可能是顾大局，但在别人眼里也许就是顾小利；另一方面是不要恶意地去揣测别人的动机，虽然利益场里无常情，但是未必人人都是偷奸耍滑、不讲道义的，最终还是要看事情的结果。

管理者在面对问题和事情时，不因自己的揣测和臆断过早下结论，而应“风物长宜放眼量”，这样反而会更加准确地看清事物的发展进程。和有包容心、内心沉稳的领导一起工作，下属也会感到更加愉悦。

2. 不要背后作评价

管理者不仅要守住心，更要守住嘴。作为管理者最忌讳的事情，就是在一个下属面前说另外一个下属的问题。管理者对某个人有意见或者想法，应尽量与当事人直接沟通，而不要把这种不满情绪通过背后的议论发泄出来。

说人是非者，便是是非人。背后评价别人，会严重影响管理者的威信。即便说者无意，也难免听者有心。其一，你可以这样说别人，听到的人自然也会认为你在别人面前也这样说自己；其二，说出来的话传到了当事人的耳朵里，他作为你的下属，会怎么想？在他看来，你这是连解释的机会都不给他，他会心服口服吗？会安心工作吗？更重要的是，听你说话的员工有可能会产生错觉，觉得你把他当成了所谓的“自己人”。如果恰恰这个下属心智不够成熟，在以后的相处中，他就会远则怨近则不逊，这样无论对于其他员工，还是对于管理者自己，都会埋下破坏团结的隐患。

3. 不要有亲疏远近

任何公司或者团队都很难避免出现小团体。小团体对于团队整体团结有很严重的破坏性，关于这方面已经有很多的管理书籍或者人文书籍论述过，这里我不再重复。

而管理者一定不要因为自身的原因而在团队内部种下搞小团队的“种子”。关于这方面，最重要的一点就是管理者自己在团队内部不要有亲疏远近之分。“公生明，廉生威”。管理者对自己的言行举止、社交方式要行有所止、言有所戒，要尽量公平地对待每一个员工，尽量和每一个员工保持适当的私人距离。

管理者尤其不要信任拍马屁的人。拍马屁的下属只有三个目的：一是从你那里拿到利益，二是要给你进谗言，三是要架空你。如果信任这样的人，那你的未来、公司的未来都会出现很大的问题。

六、注意感恩的边际效应

所谓感恩的边际效应，通俗来讲就是：当他人给予帮助时，受助者一开始往往心存感激，但在接下来受到更多恩惠以后，这种感激便逐渐递减，并认为这是理所当然的，甚至最后援助者停止帮助他时，他便心生怨念。中国也有句古话：“斗米养恩、担米养仇。”讲的是同样的意思。

在公司的日常管理过程中，管理者对员工好，说话和蔼、做事温和、公平公正、多考虑员工的难处和问题、不吝啬、不苛刻，自然会得到员工的喜欢。但是这样做有个前提，就是要坚持原则，要尊重公司的管理制度和纪律。如果管理者只是一味对员工好，员工往往会因为感恩的边际效应而“蹬鼻子上脸”，这种“好”不仅达不到营造融洽的团队氛围的目的，还会让管理者的付出打水漂，最后产生“我本将心向明月，奈何明月照沟渠”的感慨。对员工的好是要有边界的，如果一味地好，不仅会浪费管理者的爱心，还会让部分员工产生不恰当的欲望。好处来得太容易就会滋养野心，野心膨胀就会让人失去自我，失去自我就会盲目自大，然后失去价值观。

对员工好一定要有所区别，比如表现好的和不好的要区别对待，工作能力强的和工作能力弱的要区别对待，业务能力好的和业务能力不好的要区别对待，素质高的和素质不高的要区别对待……只有这样做，下属才会看到管理者的所求和价值观，才能够感受到压力，也才会有动力。

七、防范失败者的愤怒

企业管理中还有一个涉及人性的重要关注点，叫作防范失败者的愤怒。失败者的愤怒是人因自己失败的境遇而感受到的自卑与恐慌。人总是能够无条件地原谅自己，因此这种对自身境遇的自卑与恐慌，在自我心理的调解（或者说是扭曲）下，从一开始就逃避自我检讨，并将造成这种境况的原因转嫁给他人。越是亲近的人，越可能成为失败者转嫁的目标。

这样的人在社会中无处不在，在一个公司的团队中也可能存在。 有一些员工，自己工作不努力或者纪律意识涣散，在平常的绩效考核中，常常处于落后的位置，但他们不从自身的原因来找问题，而是将责任怪罪到同事或者公司领导人的头上。比如有人会这么想：“为什么我和你一样上班，你的收入要比我的高？一定是因为你会拍马屁，而我比较‘正直’。既然你是这样的人，就不要怪我给你使绊子，让你也出问题。”再比如“大家都是一样的上班，为什么我的收入比别人低？一定是因为公司有问题，公司领导人给我穿小鞋，既然这样就不要怪我搞破坏，让你们都倒霉”，或者“为什么我的收入不能满足我的要求？一定是因为这个公司有问题，老板不努力，耽误了给我发奖金，影响了我赚钱，既然这样，就不要怪我损害公司的利益”。乍看之下，这样的想法似乎很可笑，但是在我们的周围就有这样的人存在，而这样的人往往隐蔽得也比较深。

我曾经碰到过这样一个年轻人，刚开始的时候他的工作能力还是比较出众的，态度也尚可。为了激励这个年轻人，我将一个公司的一部分股份奖励给他，让他成为我的合伙人，并让他担任这家公司总经理的职务。

这个年轻人担任总经理之后，公司经过一年的发展，并没有太大起色。虽然他拿着比较高的薪水，但是由于公司没有盈利，所以也就没有分红，与他的预期产生了差距。到第二年，他的本性开始显现出来。他认为自己的收入达不到预期有两个原因：一是员工不努力，公司必须对员工进行大换血。二是公司太吝啬，没有拿钱给他分红，要求公司无论如何要定期给他一定的现金奖励。

针对他的这两个想法，我反问：如果是员工不努力，那么这段时间他自己每天10点钟才到公司上班算什么问题？如果是因为公司不分红，那么公司没有盈利用什么分红，难道要公司其他股东私人掏钱给他吗？

而他给我的回答是：“反正我已经努力了这么久，收入却上不去，就是你们的问题，我付出了就一定要有回报。”后来他甚至消极怠工，用不上班的方式发泄他的愤怒，而忘了他才是公司的总经理和管理者。最后我果断关闭了这家公司，停止了和他的合作。

这是我亲身经历的一个故事。这个年轻人所表现出来的就是典型的失败者的愤怒，在欲望得不到满足的情况下，迷失了自我，失去了正确判断的能力，钻进了牛角尖，只关心自己的利益而没有丝毫的大局观。

作为一个创业者，一个公司的管理人员，在碰到这样的员工时一定要果断进行处理，绝不能让这样的人留在团队里，否则只会给公司带来不可逆转的伤害，并会导致非常多的问题，比如团队分裂、精神涣散、价值观扭曲等。

而我之所以遇到这样的人，并在初期非常信任他，我反思下来，就是过于轻信一个人的短期表现而被某些假象蒙蔽了双眼。我后来的结论是：如果要重用一个人，就必须对他进行适当的考验，只相信自己眼前看到的而失去了警惕性，不经过考验就重用一个人，就很容易看走眼。这也是慈不带兵的原因之一。

第4章

人力资源

第一节>>>

人力资源管理小技巧

作为一个创业公司，尤其是仍处于起步阶段的公司，人力资源管理是创业者的一项重要的日常工作，也是非常考验创业者能力的一项工作。

人力资源管理通常包括人力资源规划、招聘与配置、培训与开发、绩效管理、薪酬与福利、劳动关系管理六大模块。其中有些模块的内容已经在前面的章节中有所涉及，本章节不再重复。本章节主要从创业者的角度出发，立足于实际操作的过程，和大家分享一些识人、用人、培养人的技巧和经验，对于一些日常性的工作、流程化的工作以及需要由专业人才来完成的行政性工作，本节就不再详细介绍了。

识人，是在招聘工作中甄别员工、找到合适员工的过程。用人，是在招聘完成之后根据员工所拥有的技能特长，为其安排合适的工作岗位的过程。这两步完成之后，就要开始最重要的一项工作了，那就是培养人。任何一个初创公司，都需要快速发展，这就意味着创业者和员工都必须快速成长，整个团队的工作能力要能适应公司发展的需要，没有团队的成长也就没有公司的成长。

员工的成长不仅需要员工自身的努力，还需要创业者在日常工作中进行培养。培养的目的，一是提高员工的工作技能，二是让员工认可公司的价值观并为之奋斗。所以创业者不能忽视员工培养工作，这是宣贯企业文化的一个重要途径。

同时，一个公司的盈利能力，也与一个核心因素相关，那就是公司单个员工的人力资源价值与人力资源成本之间的差值。员工的人力资源价值远大于人力资源成本的时候，公司的盈利能力就很强。所以，提高每个员工的人力资源价值，对公司的发展非常有利。本节中，我们主要从如何培养人、如何提升员工的能力，从而提高公司人力资源价值的角度来分享一些方法和技巧。

一、头脑风暴会

头脑风暴会的作用就是激活参与人员的思维，挖掘每个人思想中的闪光点，集思广益，产生一些新想法、新思路，并经过讨论、提炼、总结，形成一些新的观点和做法。头脑风暴会不仅能活跃团队的气氛，让每个人产生参与感，更能让团队成员在思维激荡的过程中，相互学习不同的思维方式，提升团队的整体思维能力。

头脑风暴会主要在以下几种情形中使用。

1. 定义新产品

由于不同创业公司的创业项目和方向不同，公司在使用头脑风暴时可以结合自身的情况确定哪些内容属于这一范畴。下面只是举例说明。比如对于一个新产品研发团队来说，可能会有定义软件产品交互界面、定义硬件产品的功能等工作。

我们拿定义软件产品的交互界面来说。一个软件产品的交互界面通常要符合大多数用户的使用习惯，要讲究方便、快捷、简洁、明了。交互界面的设计工作一般是由产品经理完成的。但是为了避免受到产品经理个人风格的影响，也为了使产品的后台结构与前台界面更好地衔接，在产品定义之前，产品经理会和研发团队集合在一起，进行一次或者多次头脑风暴，这样做既可以避免后期出现较多的隐蔽性问题，也可以将产品的界面设计得更加完善，同时也可以缩小产品团队和研发团队之间的意见分歧。

同样，对于硬件产品的功能定义，在完成设计定型之前，产品团队和研发团队的头脑风暴，可以使产品的设计更符合现实的技术支撑能力、供应链的组织能力，而不会一味求新奇、求完美。参与的人员若真心想做出最好的产品，那么在经过充分的讨论并达成一致意见后，团队就可以将产品设计得更好，还可以对后期可能出现的难点有恰当的预判，以便更好地整合资源去解决。

2. 制定生产流程和风控流程

为了提高团队的工作效率，初创公司通常需要阶段性地将生产管理过程中的一些方法、技巧和过程，用流程的方式固化下来，形成公司的生产管理规程，这既是公司知识管理的需要，也是提高公司管理效率的需要。

管理者可以让参与这个流程的全部核心员工进行头脑风暴式的讨论，总结阶段性生产管理过程中的经验和教训，将好的经验保留下来并形成流程；让不适应生产需要的一些做法暴露出来，经过大家讨论之后，加以改进，并明确改进的方法和步骤。经常做这样的工作，可以让团队逐渐形成科学的、合理的生产流程、风控流程。因为这些流程是经过大家一致讨论的，因此也会更加合理，更加得到大家的认同。

3. 新计划 / 新商业模式的学习交流

创业公司发展到一定的阶段后，就需要确定下一阶段的发展目标和路径。当行业内出现一种新的商业模式时，本行业内的所有公司都需要加以学习和借鉴。这时管理者可以组织团队成员以头脑风暴会的方式进行学习和讨论，这样既可以让每个人都接触到这些新内容和新情况，也可以让这些新情况与每个人已有的思维进行碰撞；既可能带来意想不到的新点子，也有利于后期工作的开展和思想的灌输。

创业公司必须求新、求变，故步自封是很难冲出一条新路的，这不仅需要创业者自己勤于思考、勤于观察，更需要整合团队的力量，千万不可小看员工的思维迸发所产生的魔力。因为他们的角度不同、思维模式不同，在一样新东西出现时，他们可能会产生全新的、意想不到的想法，而这些想法往往可以起到抛砖引玉，甚至画龙点睛的作用，对于创业者的思维是非常有启发作用的。何况尺有所短，寸有所长，创业者和员工经常交流、碰撞思想，也更接地气。

适用于头脑风暴会的情形还有很多，以上只是举例说明。为什么以上情形适合用头脑风暴会呢？因为以上工作，所有参与的团队成员都是有发言权的，并不是管理人员可以全盘了解的，即便全盘了解，也会因为自身的角度不同而产生想法上的偏差，让团队全体成员都参与，实际上是取得最优结果的一种方式。

使用头脑风暴会要注意以下几个操作要点，以保证实施的效果。第一，对每个人的见解，会议中最好不要进行批评、评论，要让每个参与者在尽可能充分放松的心境下，集中精力开拓自己的思路。第二，讨论的话题必须目标集中，但追求内容的开放性，提倡畅所欲言、任意发挥、随便思考、任意想象，提出的意见越多越好。第三，要巧妙地利用他人的设想，每个参与者都要学会从他人的想法中获取灵感、得到启示，或补充他人的想法。这是头脑风暴成功的关键所在。第四，参与者一律平等，各种想法，无论大小，无论合理与否，都要认真地、完整地记录下来。第五，参与者必须独立思考，不能私下交谈，以免干扰别人的思维。第六，管理者要最后发言，不要在讨论前就给员工定调。

二、读书观影会

所谓读书观影会，就是组织大家一起阅读一本书或者看一部电影，然后再聚在一起发表各自的观后感言。读书观影会是我在管理过程中经常用来引导团队成员的思路和想法，并对他们进行精神激励的一种方法。使用这种方法，氛围会比较轻松，议题也可以灵活选择，能够以“润物细无声”的方式向员工灌输一些想法。

一本好书或者一部好的电影，一定有其所要表达的主题或者想要宣扬的精神。我们在创业过程中，也需要我们的团队有一些正面的精神气质，如团结、坚韧、敢于创新、精益求精等。这些精神气质，需要创业者、管理者在日常的工作中进行宣讲和培养，仅仅用语言来表述就会显得比较无力，很难做到声情并茂、恰如其分、打动人心，而借助一些文学作品和影视作品来宣扬，就会很直观，并且更容易打动人心。

其实员工也很清楚，管理者组织这样的读书观影会， 就是希望在团队里面树立和塑造一种精神气质和作风，他们会努力学习，并在工作中进行实践，也会努力按照管理层的要求塑造自己的行为，所以通常情况下员工是会积极配合的。而这种方式对于管理者最大的好处就是，用一部两个小时的电影或者一个星期的阅读，就很清楚地传达了自己对团队的要求。

读书观影会通常采用的组织形式是：提前一周通知需要参加的团队成员，让大家利用下班休息的时间（要明确截止日期）看完某部电影或者读完某本书。看电影、读书的时间不能放在工作时间。要求大家在看电影或者读书时，思考一下这本书能给自己什么样的启示，并记录下自己观后感的提纲。这个时候提要求的管理者可以对观后感的思维做方向性的限定，也可以不做限定，让员工完全发散思考。然后在某个规定的时间组织参与人员聚在一起，发表自己的观后感。

比较适合读书观影会使用的一些文学作品和影视作品包括：《肖申克的救赎》，向团队传达“面对逆境坚韧不拔”的精神；《红尾机队》，传达“为了集体的荣誉团结一致”的精神；《老人与海》，传达“无论生活如何不公，都绝不放弃”的精神……

看这样的电影或者文学作品并不需要占用太多的时间，但是这些文学作品和影视作品中所蕴含的精神力量是无穷的，只要妥善地加以利用，就可以变成创业团队的精神食粮。

组织这样的读书观影会的周期没有必要太频繁，应该尽可能结合团队当下面临的主要问题有针对性地组织，有重点和倾向性地选择主题，我一般会两个月举行一次，当然不同的团队情况不同，周期可以依自身情况而定。

这样的读书观影会，也是观察团队成员个人思维能力的一个重要渠道。员工在读书观影会上发表的看法和内容，是其个人素养、思维方式以及学习能力的综合体现。

三、户外拓展

户外拓展主要有两个作用：一是强化员工的个人心理素质，二是让团队成员能更深刻地体会个人与公司之间、下级与上级之间、员工与员工之间唇齿相依的关系，使团队更富凝聚力。

组织户外拓展有多种方式。最常见的方式就是外包给专业的户外拓展公司，在专业的场地上由专业的教练指导进行一些特定的项目。这种组织方式需要公司投入较高的成本，但其好处是所选择项目的针对性比较强，如果组织得当，其达到的效果也会比较明显。考虑到成本和效果问题，通常这种方式一年一次就可以了。

其他比较常见的方式是由团队自行组织一些户外活动，比如团队内部的足球比赛、篮球比赛等。公司自行组织的活动一定要是集体性质的活动，必须能体现出集体主义精神和团队配合的重要性，如果仅仅是个人才艺展示的活动，那么就难以体现集体主义精神。这样的活动通常成本比较低，可以一个季度或者两个季度组织一次。

创业公司在起步阶段，团队成员的工作压力大、工作内容多、日常事务也比较烦琐，尤其是创业者本人面临的压力会比较大，在千头万绪的事务中，可能会疏于思考团队建设方面的内容。即便如此，创业者作为团队的管理者，也要尽量考虑到团队文化和员工精神面貌的塑造事宜。古语说："磨刀不误砍柴工。"在很多时候，工作内容之外的集体活动，反而更能凝聚员工高昂的工作热忱和拼搏创新的动力，个人和团队的精神气质都可以得到提升。

以我的个人经验来看，适当的户外拓展活动往往会在一定的时期内，改变和活跃整个团队的氛围，增强团队的战斗力，让团队成员工作的积极性更加高涨，让团队成员之间的沟通更加顺畅、配合更加紧密，从而提升团队的工作效率，改善工作效果，推动日常工作的开展，起到事半功倍的作用。

四、业绩通报会

对于一个创业团队，团队的目标一定是要创造价值的，而整个团队的价值又是所有团队成员所创造价值的总和。如何引导团队成员在日常的工作中，围绕着团队的整体目标努力工作，从而推进团队目标的实现呢？最好的方式是定期举行业绩通报会。

员工创造价值的多少取决于两个方面，一是员工要围绕团队的目标开展工作，要心往一处想、劲往一处使，要保证每个人努力的方向与团队的整体方向是一致的；二是员工创造价值的能力要能够达到团队的整体要求。第一个方面需要通过一些工作方法来保证员工的努力有明确的目标或者标杆，从而避免出现力量分散甚至相互牵扯的情况。这就需要团队有明确的工作方向。第二个方面需要员工努力提升自己的工作能力。事实上，员工并不是不想提升自己的能力，而是不明确自己需要提升的方向在哪里，有时候员工自我发展的努力与团队期望的方向出现了偏差，往往会影响团队的战斗力，也会增加员工的不确定感甚至挫折感。

解决以上两个方面的问题就需要定期组织业绩通报会。在一定的阶段内，根据每个员工的工作情况和贡献，按照其对团队目标所做出成绩的多少，进行科学评定（评定的方式在前面讲到绩效考核的时候已经论述过了，此处不再重复），然后对评定的结果进行通报。

在业绩通报会上，一方面，要对优秀的、表现突出的员工进行表扬，并指出他们成绩的亮点以及被评定为优秀的原因。这样做就可以给团队其他成员树立一个明确的标杆，让他们明白团队对个人贡献的要求和标准是什么，从而让其他员工明白努力的方向。另一方面，还应该要求优秀的员工进行经验分享。这样做的目的，是为其他员工指明努力的路径，让团队成员在相互的交流中学习，先进带动后进，从而实现团队的均衡发展。

所以，定期的业绩通报会不仅是进行阶段性团队激励的工作方法，更是提升员工价值的一种方式；不仅是进行阶段性工作总结的组织方法，更是树立团队价值观、指明团队发展方向的一种方式。这样的通报会形式，在需要员工发挥自身的能动性、主动性的团队中尤其重要。

五、业务讨论交流会

业务讨论交流会主要运用于技术、研发、市场等专业性比较强的领域。在这些专业性较强的领域，定期组织团队成员进行沟通交流，讨论的主要方向可以是近期出现的重大问题，也可以是交流学习核心的技能，还可以是定期的经验总结。

通过这样的形式可以达到四个目的。一是强化团队学习的氛围。通过经验交流和重要议题的讨论，可以提高团队的整体工作能力，强化沟通效果，还可以在讨论学习中找到最好的工作方法或者解决问题的最优路径。二是强化团队成员自我学习的习惯。定期组织这样的活动，会让每个员工拓展自己的视野和思路，从而带动每个人积极学习，以提高自身的能力。对于那些不学习、惰性比较强的员工也可以在这样的活动中对其进行考查，为团队的人员调整做好准备。三是提供管理者自身学习的机会。创业者或者管理者不一定是各个领域的全才，以一个倾听者的姿态定期参加这样的活动，在讨论交流过程中，对自身的能力也是一个很好的提升，博采众家之长补己之短，才能更好地做出决策。四是发现专业的人才。在这样的讨论会中，每个人在业务上的长处和短处都会表现出来，其行为方式和思维方式也会表现出来，管理者可以利用这样的机会发现人才，便于后期作为重点培养对象。

业务讨论交流会是快速提升团队成员专业技能的一种很重要的形式，管理者应该多花时间和精力在这项工作上，不仅要保证数量，更要保证质量。

以上五种技巧和方法，是我所推崇的一些人力资源价值提升的小技巧，可以供创业者借鉴。以上方法其实不仅可以提升人力资源价值，更重要的是管理者可以在上述过程中发现真正的人才。

在日常的工作中，有的人可以口若悬河、侃侃而谈，有的人喜欢沉默不语、埋头做事。经验稍微欠缺的管理者往往会被表象所迷惑，对下属能力的认识出现偏差。在一个创业团队中，对后备人才的培养很重要，而对后备人才的选择也同样重要，一是因为管理者的时间有限，必须将时间花在合适的人身上；二是选错了人所付出的成本和代价将是非常高的。平时侃侃而谈的人未必有真材实料，平时沉默不语的人也未必没有将帅之才。

如何避免选人的误区，以我的经验，就是通过以上的工作方法，组织一些正式或者非正式的讨论和活动。在这些人人都参与的讨论和活动中，我们会发现，有些平常侃侃而谈的员工一涉及公司的正式经营管理理念时，就有可能言之无物、人云亦云，而有些平常沉默不语的员工却会有比较深的见解，很明显其对工作有很深入的思考。哪些人做事浮于表面，哪些人用心思考，哪些人有真才实学，哪些人腹中空空，甚至每个人的学习能力和思维能力的强弱，都会慢慢表现出来。这就为管理者正确选择后备干部、选择合适人才，提供了很好的观察机会。

以上技巧和方法都将每个员工放在同一个语境、同一个话题之下，挖掘观察他们的思维，这也是一个拨云见日的过程，管理者可以更好地了解员工的思路和见识，更有利于选对后备人才。这一点很重要，员工是不是真金，一定要多炼炼，而不能凭自己的亲疏远近、个人好恶，甚至员工私下的溜须拍马、阿谀奉承来判断。

我曾经就犯过这样的错误，因为自己的个人好恶，看中了一个员工并认为其有比较强的能力，就过早提拔到较高的管理岗位上。结果在后来的工作中，我发现他在正式的场合发言，完全没有私下里说得那样动听，对于公司日常的经营管理工作，也很少有自己条理性的思路和办法，只能照本宣科、人云亦云，其思路的局限性暴露得非常明显。后来我发现他只适合做一个冲锋陷阵的兵，而非将帅之才，但是，此时要进行调整，所花费的时间和代价就非常大了。

当然在以上的活动中，管理者自身也必须注意一个细节，就是要尽量避免先入为主的观点影响自己的判断。员工的意见一定是从他们现有认知水平和角度出发的，有些观点也许和管理者自身的观点不同甚至大相径庭，但未必是错误的，很可能他们更加正确。所以管理者一定要保持开放的心态和虚怀若谷的态度。

第二节>>>

选择合适的管理手段

这一节主要介绍如何在日常经营管理过程中，用“民主”和“集中”两种管理手段，来平衡决策层、管理层、执行层等各个层面的管理关系；使用哪些技巧可以调动干部、员工的积极性，整合全员的力量和思想为公司的整体目标服务，保证公司的规章制度在各个层面得到完全充分的落实。

只讲“集中”，不讲“民主”，就必然出现个人独断专行、官僚主义滋长的情况；反之，如果只讲“民主”，不讲“集中”，又会导致思想不统一、过于自由散漫的状态。对公司的管理，尤其是对中层干部的管理，创业者要有技巧地使用“民主”、“集中”相统一的方式，来达到最高的管理效率。

就“民主”和“集中”的关系，1937年毛主席在与英国记者贝特兰的谈话中说：“民主和集中之间，并没有不可越过的深沟，对于中国，二者都是必需的。一方面，我们所要求的政府，必须是能够真正代表民意的政府，这个政府一定要有全中国广大人民群众的支持和拥护，人民也一定要能够自由地去支持政府，和有一切机会去影响政府的政策。这就是民主制的意义。另一方面，行政权力的集中化是必要的，当人民要求的政策一经通过民意机关而交付与自己选举的政府的时候，即由政府去执行，只要执行时不违背曾经民意通过的方针，其执行必能顺利无阻。这就是集中制的意义。”

同样的，对于一个公司，尤其是处于起步阶段的初创公司而言，通过“民主”的形式，让员工积极参与公司的决策，不仅是调动员工积极性的需要，更是少走弯路的一个必要方法。但是，因为初创公司的很多制度还不完善，很多工作流程还没有固化下来，通过“集中”的手段来避免一些不必要的争论，抓住问题的主要矛盾进行解决，而不被一些无关紧要的、琐碎的事物所干扰，也是提升公司成长速度的必要手段。

比如，面对一个新产品，公司应该先采取“民主讨论”的方式，让大家畅所欲言，列出产品所要实现的功能，大家所想出来的集体想法肯定比一两个人想出来的要好很多。经过大家发散性的讨论，这个产品会趋于完美，功能肯定会很丰富，各种细节也会考虑得比较周全，这就是“民主”的作用。但是，最后讨论出来的意见也许有几十条，考虑到实现这些功能所需要的技术条件和成本投入额度，公司的时间成本和资金成本能否支撑呢？那肯定是不行的。这就需要在会议中表决核心问题，哪些功能是必须实现的核心功能，哪些是附加功能，哪些是需要暂缓的。这些就需要由决策层综合各个部门的意见，在成本投入、研发生产效率和功能满足度之间，取一个最优的方案来形成公司的最终决策，这就是集中的作用。

中国宋代辛弃疾，不仅是一个伟大的诗人，还是一个军事家，他也说过同样的话：“谋贵众，断贵独。”（《美芹十论·自治第四》）

下面我从“谋贵众”“断贵独”两个方面来说说创业者如何在日常的管理

中用好“民主”“集中”两种管理手段。

一、谋贵众

1. 给予员工参与感

美国心理学家亚伯拉罕·马斯洛于1943年在《人类激励理论》论文中提出人类需求从低到高分为五个层次，分别是生理需求、安全需求、爱和归属感的需求、尊重的需求和自我实现的需求。

其中，第二层次安全需求包括人身安全、健康保障、资源所有性、财产所有性、道德保障、工作职位保障、家庭安全。第五层次自我实现的需求包括道德、创造力、自觉性、问题解决能力、公正度、接受现实能力。从这个分层上看，让员工参与公司的某些特定议题的讨论，满足其展现创造力的需求，高于其获得薪水保障其财产和工作职位的需求。对一个员工来讲，在工作中没有什么比获得别人的认可更让他高兴的事了。

在前面的章节中，我们也提到过让员工参与“头脑风暴会”“业务交流会”等形式的讨论，可以培养员工解决问题的能力，提升员工的人力资源价值。同样的，这一类活动还可以提升员工的参与感，更便于员工体现自己的价值。

公司的某些重要决策，如果让涉及的团队一同来讨论并结合他们的意见做决定，便可以极大地提高员工后续执行时的积极性和信心，也可以提高员工在后期碰到困难时的抗压能力。毕竟这项工作，不是上级领导硬性的安排，而是自己在前期参与并提出了意见的，如果这项工作做不好，那岂不是对自己前期意见的否定?

2. 重视一线的意见

很多时候，管理者要避免“不识庐山真面目 ，只缘身在此山中”的误区。这里并不是说管理者对某一件事情的看法是不正确的，而是因为站的角度不同，加上思维模式的固化，他很有可能会忽略执行过程中的某些细节，而这些细节往往决定了成败。重视一线的意见就可以让自己的想法更加全面。尤其是作为一个创新企业，新的技术和产品不断涌现，在某一领域内即便是专家，那也只是基于过去的工作经验和知识而言的，对于新的事物总是存在认知局限的地方。

我曾经就碰到过这样一件事。前几年，基于物联网的智能产品的研发形成了一个风潮，这其中的代表作品包括智能手环、儿童手表等。那时候我的公司也在参与智能产品的研发，我们当时想做一款针对婴儿的智能产品——智能尿不湿，用一个无线传感器实时检测婴儿尿不湿的干燥情况，并在妈妈的手机上进行实时提醒。当时我觉得自己的创意挺好，后来决定和员工一起讨论一下。有一个刚生了小孩的员工告诉我，现在市面上已经有了可以根据干燥情况自动变色的尿不湿产品，妈妈完全不需要这种传感器，只需要观察尿不湿某个位置的外部颜色变化情况就可以了。这时我才知道原来自己想到的是一个伪需求。基于这个信息，我自己判断这个智能尿不湿的市场前景并不明朗，于是放弃了这个项目。

上述例子中那个员工反馈的信息，在智能产品领域内是很难通过网络搜索查询到的，但是对于刚做爸爸妈妈的人来说，却是很容易接触和感受到的。我很庆幸和他们开会进行了一次这样的讨论，使我避免了在一件不确定的事情上浪费资金和时间。

3. 避免思维的原点

在听取员工的意见时，管理者一方面要提升他们的参与感，尊重他们的意见，并对自己的想法进行补充；另一方面，也要尽力避免他们所说的意见由于其思维的原点所带来的局限性。对于员工的意见，管理者必须加以判断，才能更科学地采纳。

所谓思维的原点，就是每个人所站的角度。比如管理者的角度是希望公司的利润最大化、效率最高、成本最恰当。而员工所站的角度很可能是希望对自己的工作量的影响不要太大、对自己的收入不能有负面影响。这就是不同的角度导致的对同一件事情的看法和意见不一致。

我曾经碰到过一件很有趣的事情，对我自己也是一个教训。我们的团队开发了一款智能产品，需要找一个工厂试生产，以便验证产品的性能参数以及生产工艺是否满足要求。这种情况在智能硬件产品的研发过程中是很常见的。生产主管人员去谈了几家厂家，给我反馈信息之后，我也自己去考察了，比较中意的是其中的两家，一家规模比较大，厂房整洁规范；另一家规模比较小，但是合作方式比较灵活。我的主管人员倾向于选择后一家，由于我在这方面经验不足，便同意了他的意见。但是后来这个工厂所做出来的产品，经常出现工艺上的问题，不是这个元器件的焊接出问题，就是那个元器件的组装出现偏差，严重影响了产品质量。幸亏还只是试生产阶段，之后我们果断换了组装厂，情况才得以扭转。后来，这个主管告诉我，以他的经验，其实他当时内心也比较倾向于选择第一个厂家，但是由于这个厂家比较讲究正规流程，沟通很麻烦，其位置又比较偏远，交通不方便，他驻厂会比较辛苦，所以就向我推荐了第二家。他的推荐考虑了他自身的因素，但不完全符合公司的利益，这就是所谓的思维的原点不同所导致的问题。虽然这个问题所造成的损失并不大，但对我来说也是管理上的一个教训。

所以管理者在与员工对某一件事情进行商议或“合谋”的时候，也要注意判断员工意见的出发点是什么，要能够察觉到他们思维的原点对他们所提意见的负面影响，避免一些带有个人功利色彩的意见误导自己的最终决策。

二、断贵独

在听取了团队成员的意见之后，管理者需要对所有意见进行综合的评价和判断，最后做出决策。在最终的决策阶段，管理者必须进行独立思考。进行独立思考的必要性在于以下三点。

1. 考虑公司非公开因素

每个公司在经营过程中，必然会有一些不能完全向员工公开的商业机密和信息，所以员工在参与某项议题的讨论时，就不会考虑到这些因素对议题的影响。而这些信息，创业者心里肯定是比较清楚的。所以最终的讨论结果出来之后，创业者必须综合员工的意见，同时也要考虑到这些非公开的因素，最终做出判断。这种判断只能由创业者自己一个人做出，并对最后的结果负责。

这些非公开的因素有很多种，比如公司的财务现状，公司还有多少流动资金可以支持一个项目的运转、公司未来半年的现金流情况能否支撑某项工作的推进等；再比如公司的外部资源情况，某个项目的甲方的资金回款情况、某个项目关联合作方的合作关系的稳定程度等。这些都是创业者自身才能掌握的，尤其是一些负面因素，考虑到保持员工积极性的需要，这些信息也没有必要让员工了解。

而这些非公开因素，往往又是影响一个项目或者一项工作推进情况的核心因素，一方面创业者自己要尽力去解决那些可能会出现的问题，另一方面创业者也必须做好最坏的打算，在最终做决策时，有必要设置一些“保护闸”，避免风险的传导，甚至对项目的启动与否进行取舍。这就是一个创业者做决定的难点所在，但是无论怎样，这样的决策只能靠创业者自己来做，靠不了别人。

有时候在考虑了这些因素之后，也许做出的决定和之前大家讨论的结果有较大的差异，管理者就会面临比较大的压力，但是这种压力是一个创业者必须承受的，甚至可能是经常要承受的。

2. 传递信心和决心

在考虑了团队成员的意见以及一些非公开因素后，管理者如果要做出决定，就必须果断。果断的决定可以向团队传递信心和决心。

任何一件事情，在具体操作和执行的过程中，必然会遇到一些困难和问题。在遇到困难和问题时，任何人都会有犹豫和徘徊的情况。而一件事情能不能成功、能不能做好，很多时候就在于人一念之间的选择和想法，如果能够始终保持昂扬的斗志和必胜的决心，任何困难都会变得渺小；如果内心被犹豫和徘徊占据，任何困难都能成为拦路虎。

所以管理者在做出决策时，必须拿出坚定的决心和信心，并且要将这份决心和信心传递给团队的每个人，要向他们说明：这件事情，无论遇到多大的困难和问题，都必须解决掉，都要推动工作前进。

团队成员从管理者的态度中可以获得能量，因此团队管理者所表现出来的必须是正能量而不是负能量，如果每个团队成员都被正能量所感染，那么他们的内心也会充满了斗志，这件事情成功的可能性就大了很多。

这里面也包含了管理者自身所必须具备的一种素质：即便内心也有惶恐和担忧，但是不能表现出来，只能把负面因素埋藏在自己的心底，自己运筹帷幄，尽力去解决那些不确定的因素，不能让团队成员被负能量所传染。所以还是那句话，要创业，就必须有强大的内心。

3. 避免武断

虽然“谋贵众，断贵独”，但是“断”的时候，要注意一个误区，就是“不要武断”。所谓果断，就是在做决定的时候，能够在互相矛盾的信息中发现真相从而干脆、迅速、坚定地做出正确的决定或者判断；而武断是只接受自己想要的信息，主观地判断事物，不去客观地了解和分析情况，匆忙做决定。创业者一定要避免头脑一时兴奋，还未看清事物的本质、没认真考虑其行为的后果就做出决定。

我们经常听到一个词：“当场拍板”。这个词很有意思，显得很霸气，但是我不建议创业者在做重大的决定时用这种方式来处理。任何决定一定要在深思熟虑之后才能够最后定案。这种深思熟虑，因不同人的习惯不同，有很多种方式，比如有的人喜欢反复推演，有的人是暂缓两天过了兴奋期再做决策，无论哪种习惯，都是好习惯。

果断不是要在气势上表现出来某种象征意义的动作和行为，而应在决定了之后，坚定不移地推进执行。管理者一定要避免形式上的快感而把果断变成了武断。追求形式上的表现张力没有错，但是一定要在深思熟虑之后，才有意义。

第三节>>>

技术团队和营销团队

对一个创业公司来说，技术团队和营销团队是最重要的两个团队。技术团队决定了产品的竞争力，营销团队决定了公司获取客户的能力。如何组建好这两个团队是创业公司在起步阶段很重要的工作。下面，我给创业者分享一些经验，告诉大家如何来组建一个初创公司的技术团队和营销团队，如何避免出现那些很致命但是又很容易被忽略的问题。当然，这些经验只是我个人在创业过程中的所得，并不一定适合每个人，所以仅供参考。

一、亲自招聘

在讲如何选人之前，我首先要讲一个最基本的原则：创业者必须亲自招聘新员工。

任何一个公司，人都是最基本的组成部分。通常我们讲一个公司的经营管理时，都会谈到诸如战略、规划、创新、超越、执行等概念，所有的这些概念都很重要。但是这些概念要通过谁来实施？是人！人，才是一个公司最基本的构成要素。一个公司只有选对人，才能在此基础上谈那些宏观而远大的概念。所以，选对人，是一个创业公司起步时最重要的一步。

但是，人是很复杂的。俗话说：“路遥知马力，日久见人心。”和任何一个人相处，都必须经过时间的洗礼、长期的磨合，方能看清他的本性，那么如何在创业之初就选对人呢？这就需要看“基因”。中国古话讲“意气相投”，意和气是什么呢？在这里，我认为其实就是两个人初次见面时的感觉、两个人各自所带的“基因”，这决定了两个人是否合得来、是否具有未来进一步的发展空间。两个人可能是“臭味相投”，也可能是“优势互补”，但无论是哪一种，只有存在这样“相投”的感觉才可能更好地合作下去。

那么怎样才能保证找到的人是与自己“相投”的呢？最好的方法就是创业者亲自招聘。创业者亲自招聘找到的就是和创业者自己意气相投的人，创业者如果安排自己的助手去招聘，找到的就是和助手意气相投的人。虽然后一种比较省事，可惜助手身上未必带有创业的“基因”。

我对此有过很深的体会，在我创业的三年时间里，团队成员在不断地洗牌，现在回过头来看，留下的基本上都是我招聘进来的员工，以及还留在团队的骨干们所招聘的员工。有些骨干已经离开，而由其所招聘来的员工也已经基本上离开了。仍然留在团队的人，都是具有相似价值观的人，更重要的一点是，这些人在刚进公司的时候，也都是由具有相似价值观的人招聘进来的。

所以，在团队创建的初期（比如规模在100人以内时），创业者一定要坚持自己参与招聘员工。任何事情，只有选对了人，才会有后面的故事。

这里所说的创业者亲自招聘员工，并不是说撰写招聘广告文案、与猎头或者招聘网站签合同、发布广告、收集邮件、通知面试、组织面试和笔试等工作全部自己来做，而是要抓住其中的两个关键环节：一是招聘岗位的文案必须由创业者亲自过目、修改、定稿。不要小看岗位要求的文案，也许只有短短一百来个字，但是字里行间所要表达的内容，却一字千钧，这些文字所传递出来的信息，直接决定了招来的是怎样的人。二是最后的面试，创业者必须亲自参与。笔试和专业技能的面试，可以交给用人部门的负责人或者更专业的人去做，但是经过了这些选拔之后，进入最后面试的人，必须由创业者自己亲自考察，主要考察的内容就是他们身上所带的“基因”，包括人品、性格、态度、行为习惯、思维方式等。至于如何对这些方面的内容进行考察，很多专业的人力资源管理书籍都有详细的讲述，每个人所采用的方式也不相同，这就需要创业者自行去学习了。

二、技术团队的选人

关于技术团队的组建，有几点需要注意。

1. 选择有求知欲的人

在这个时代，任何技术都是在飞速发展的，一个人固有的经验能够为未来的工作做出一些指引，但是如果故步自封，这个人就一定会被时代淘汰，尤其是一个技术人才，只有不断地学习才能确保跟上技术发展的潮流。作为一个创业公司，大多是以创新为主基调的，创新从哪里来？有的是对现状的改进和提升，有的是另辟蹊径创造出全新的模式。这两点都离不开开放的思维模式和强烈的求知欲望。

所以一个创业公司招聘技术人才，第一个要考虑的要求就是应聘者要对自己的成长有很高的要求、要时刻保持强烈的求知欲望。只有这样的人，才会在工作中思考、在思考中成长、在成长中创新。

假如创业者面对两个技术人员，一个的工作经历比较单薄，经验有所欠缺，但是有强烈的求知欲，另一个经验丰富，但是已经没有太多的冲劲了。那么你会选择谁？如果是我，我肯定会选择前一个，因为他的未来和发展空间是不可限量的，而且是可塑造的，如果给他机会，让他和公司一起成长，那么不仅可以挖掘出他的潜能，还可以通过他自身的成长为公司带来更多的附加价值。而且，我相信有强烈求知欲望的人，会成长得很快。

2. 选择肯钻研的人

创业公司招聘技术人才的第二个要求就是应聘者要不怕困难，要肯花功夫解决问题。创业公司在创新过程中，必然会遇到很多问题和困难，有些问题和困难可以借鉴别人的经验加以解决，而有些则是全新的，没有他人的经验可以借鉴。遇到这种情况怎么办？通常情况下，这就需要自己的团队能够钻研进去，找到独一无二的解决办法。

一个创业团队的创新能力，一方面取决于团队创新的思路，另一方面更取决于团队解决问题的能力。这个世界上，不缺好的想法，缺的是把好的想法变成实实在在的产品的人。有很多创业团队的发展不是卡在了某个创意上，而是卡在了将这个创意实现的过程中。

所以，拥有一个能够钻研并能解决问题的技术团队对于一个创业公司来说是非常重要的。这样的技术团队必须是由一个个肯钻研、能吃苦、能解决问题的人组成的。

3. 选择自身的发展规划与公司的发展方向一致的人

创业公司招聘技术人才的第三点要求就是尽量选择自身的发展规划与公司的发展方向一致的人。如果员工自身的职业规划与公司的长远要求是一致的，那么就可以实现相辅相成、合作共赢。相反，如果不一致，就有可能会出现矛盾和分歧，员工会觉得公司这个平台已经限制了其发展空间，而公司也会觉得员工的成长不符合公司的要求。所以在招聘技术员工时，一定要清楚地了解员工的事业发展规划是否与公司的长远规划一致。

我曾经招聘了一个IOS系统软件开发人员。在实习期间，他工作比较勤奋努力，也很好学。虽然他刚刚大学毕业，工作经验不足，但是由于其优异的表现，我很欣赏他。在他进入公司两年之后，技术能力提高很快，差不多能够独当一面了。可就在这个时候他却提出了辞职，他对我说的原因是：他的兴趣是IOS软件的HTML5编程，而公司采用的是源生开发模式，所以他觉得学不到新的东西。

这个故事的有趣之处就在于，我和他谁都没有错，但无可争议的是我浪费了两年的时间培养了一个不属于我的团队的优秀员工。这是件很令人遗憾的事情。

4. 精英在精而不在多

很多创业公司在招聘技术人员时，都希望能招到一些“大牛”级别的技术人才。这样的技术人才对于一个初创公司来说是很重要的，没有他们公司也就很难做出很厉害的产品。但是这样的人不能太多，俗话说“一山不容二虎”，拥有过多数量的很厉害的技术人员不仅他们之间的关系难以协调，而且也没有必要。我觉得一个公司在起步阶段，有一两个这样的人才就够了。要注意，这样的人，在精而不在多。

“大牛”级别的技术人才，还应满足一个条件：他所拥有的能力符合公司当前的技术业务需要，其具备的能力能够带领公司的一帮技术人员冲锋陷阵、攻城略地，能够迅速给公司带来效益。

我曾碰到过一个技术“大牛”人才，在我的公司工作的那一段时间，虽然其能力能够为公司带来一定的效益，但是后来我发现，他经常在公司的产品上使用一些刚刚出现的新技术，在某种开发工具还并不成熟的情况下，他就将其用于公司产品的研发上；甚至同一种类型的技术平台，只要有新的方案出现，他就会把已经使用得比较顺手的平台换掉，使用新的平台，让开发团队的其他技术人员无所适从。后来我总结，他的出发点并不是为了产品研发的顺畅和公司效益的最大化，而是为了练手，为了提高自己的技术水平。后来技术团队对他的做法意见也比较大，我只能将他调换岗位，另作安排。

所以，招聘“大牛”级别的技术人才，也要注意用人的方式，否则也会带来较大的负面影响。

5. 高薪的成本最低

对于技术团队，尤其是研发型的技术团队来说，效率永远是最优先的。在产品的创新研发阶段，快速将产品研发出来、快速投入市场进行验证，是降低初创公司试错成本的必要手段。如果经过了冗长的研发周期将一个产品投入市场，这时才发现其推广效果远远达不到原来的设想，或者说这个产品在研发的阶段就已经有同类型的产品抢占了市场，这两种情况对于任何一个初创公司来说都可能是致命的。

而在产品推向市场之后，根据用户反馈的意见不断对产品进行调整和改进，就更是在和时间赛跑了。因为这个产品一方面要不断被改进以满足大多数用户的要求，另一方面它必须抢在竞争对手之前在市场中确立优势地位。

因此，一个初创公司的技术团队，必须有很高的研发效率、快速的开发能力和快速的迭代能力。效率和速度，对一个初创公司的技术团队来说，一定是最基本、最重要的要求。如果创业者在组建技术团队时不把这两个要求放在最前面，其所付出的代价将是非常沉重的。

基于以上理由，我认为组建技术团队，如果找到合适的人，那么高薪的成本是最低的。对技术团队，要舍得花钱，要舍得给高薪，也必须用高薪来要求高回报、要求快速的成长、要求超常的付出。当然，前提是必须找到对的人。

6. 选择的技术人员必须有产品思维

创业公司在招聘技术人员时，一定要注意其是否具备产品思维。有的技术人员，在技术上有很强的钻研精神，但是由于缺乏产品思维，往往将自己局限在技术本身上而忽略了公司做产品的最终目的是要盈利。

我曾经遇到过一个技术人员，在技术上非常有钻研精神。有一次，团队有一项比较紧急的研发任务，规定了时限和最终要达到的效果，到了时间点之后，我发现他负责的部分还有一半没有完成。这不是他平常的风格，我便问他的主管是什么原因。后来我才知道，他在一个操作界面上花了大量的时间，以使界面显示数据的及时性能够达到自己的要求。其实他希望达到的效果和最终的要求也只是毫秒级别的差异，而他希望达到的效果已经远远高于最初的设计要求。

这个研发人员对技术极致的追求，我很欣赏，但是其浪费时间拖慢了整个项目的进度也是不可原谅的。怎么办呢？我只好给他讲一个道理：个人对技术的极致追求和公司对成本效益的追求，必须在满足后者的前提下，才可以追求前者。虽然这样的问题讲道理是可以讲得通的，但是如果每个人都需要这样讲道理，毫无疑问团队的管理效率和研发效率会非常低下。

所以招聘技术员工要注意其是否具有产品思维，同时，在招聘进来之后，公司管理者也要给团队所有人灌输这样的产品思维，以保证公司利益优先。

以我个人的经验，有过完整参与某个产品研发经历的技术人员通常都会有这样的思维，没有的还是少数。

其实，作为一个管理者，在产品设计和研发上也必须有这样的觉悟，那就是必须将对产品的完美追求聚焦在一个点上，而不是要求产品的所有方面都是完美的，如果非要去追求无处不完美的产品，就必须具备足够的实力和耐心。

三、营销团队的选人

关于营销团队的组建事宜，我有几点建议。

1. 天赋很重要

营销团队包括很多岗位，比如营销策划、渠道管理、销售人员等。这里重点说说销售这个岗位。销售是一个进入门槛低、出业绩难的岗位。有时候，销售做得好不好，不一定与学历、工作经历相关，可能天赋所占的比例会更大一些。所以初创公司在招聘销售人员时，最好能通过一些性格测试题目，进行某些必要的性格测试，看看所要招的人的性格特质是否适合做这个工作。这是一个很简单的环节，但是最好不要忽略掉，因为它非常重要。

2. 要熟手，不要生手

营销团队有一个很大的共性，就是培训成本高，但是流动性也很大，所以在组建营销团队时，应尽量找到合适的人做合适的事，尽量找立刻能用的人迅速产生效益，尽量避免浪费资金成本和时间成本去从头开始培养人。

那么，销售新手怎么办？初创公司可以结合自己的实际情况有效加以选择。比如，可以让一个新手以实习生的身份进入公司，对其开展前期的培训工作，并使其在工作中得到成长，当他具备足够的能力之后，可以配合公司的薪酬和奖励制度，给其相应的回报。

3. 有正确的价值观

对于营销团队，尤其是销售团队来说，团队成员的个人价值观不容忽视。说得更加直白一些，就是必须让团队成员明确“君子爱财取之有道”的道理。

销售岗位的一个重要特征就是付出与收入挂钩很紧密，相对于其他岗位，个人能力往往是决定个人收入的重要因素，在这样的情况之下，人与人之间的收入差别会比较明显。而且，销售岗位的权力下放又相对比较多，这也使得每个人的操作空间就会比较大。

如果处于销售岗位的人的内心不够坚定，再加上初创公司的管理制度又不完善，公司就存在滋生腐败的温床。所以，在建立销售团队时，管理者要注意考察应聘者的价值观，没有好的价值观，就有可能会影响整个团队的战斗力。

4. 认同公司价值观

一个好的营销团队，不仅其中的每个人都要有自己正确的个人价值观，他们还必须认同公司的价值观，比如认同公司的薪酬和奖励制度、公司产品的发展前景等。

如果营销团队中有人总是在批评公司的薪酬和奖励制度不合理，将销售业绩的不理想归咎于公司的某些制度，不仅他们自己做不好工作，严重的话还会导致整个团队精神涣散、失去战斗力。同样，如果销售人员都不觉得自己公司的产品好，又怎么能够说服代理商或者客户购买公司的产品？如果销售人员对公司产品的发展前景都没有信心，又怎么可能全力去拼市场？在任何团队内部，尤其是营销团队内部，不认可公司价值观的人必须尽快进行调整，否则其“伤兵效应”将会连累整个团队。

这也说明了一个问题：创业者在招聘营销团队成员时，不能光“画饼”，还必须尽量就公司的价值观和产品与其进行详细的沟通和交流，只有认可的人才能留下，不认可的就不要勉强，否则就会出现“请神容易送神难”的局面，除了给创业者自己找麻烦外，不会有别的好处。

5. 心态要好

营销团队的成员，面临的压力是比较大的，他们每天都要面对新的客户、新的市场、新的变化。如果没有好的心态，他们是很难有稳定的产出的。

其中不埋怨、不偏激的心态是一个合格的营销人员必须具备的品质。创业者在招聘时，尤其是要注意应聘人员的这两个性格特质，有必要的情况下，可以采用一些特殊的手段进行测试。通常采用的是人力资源管理中常用的一些性格测试方法，这些测试方法在一些专门的书籍或者网站上都有详细的介绍，这里不再赘述。

6. 制度是根本

招聘了合适的营销人员，组建了合适的营销团队，后续很重要的工作就是建立完善的营销管理制度。一个好的制度可以让坏人变好人，一个坏的制度会让好人变坏人，对一个团队的管理也是同样的道理。

一个营销团队要健康、稳定、持续、快速地发展，离不开几项核心制度，包括薪酬及奖励制度、用户需求和意见反馈制度、针对营销团队的支撑体系以及培训体系等。建立好的营销管理制度，是建设好营销团队的根本。因为营销团队有高度自发性的工作属性，所以只有建立好制度，才能最大化地激发人的积极性，才能在团队中树立标准和方向，才能让每个人的工作有参照系，从而保证公司利益的最大化。

第四节>>>

识人用人

识人用人这件事，是这个世上最难做好的事情之一，这不仅是对经营公司的管理者而言的，对于任何人来说，在日常的生活、工作过程中，在与其他人打交道的过程中，都涉及如何去辨别、认识人的问题。遇到好打交道的人是一种福气，遇到不好打交道的人终归是一种麻烦。

但人又有社会群体属性，没有任何一件事是可以脱离社会这个大环境去独自完成的，即便归隐到深山老林去过与世隔绝的生活，能实现自给自足，那也还可能遇到山林水源的产权归属问题呢。

所以，人在和其他人打交道的过程中，有必要建立起一套自己的“检视系统”，以此来识别对方是怎样的一种人，从而决定用什么样的方式与他打交道，甚至决定是否有必要和他打交道。通常情况下，人在自己的成长过程中，基于自己的家庭背景、教育经历、工作经历和生活经验，都会逐渐建立起一套自己的“检视系统”。这套“检视系统”的建立，很大程度上决定了个人在社会生活中待人处事的方式和方法，对外就是这个人与他人相处的风格，对内则成为这个人价值观的一部分。

作为一个管理者，识人用人是其综合能力中很重要的一部分。要做好一个公司，就必须建立相应的价值观。而要建立怎样的价值观就要找到怎样的人，只有把对的人放在合适的位置，让他做合适的事，才能建立起一个强有力的团队，公司的经营目标才能更好地实现。

作为创业者，尤其是一个初创公司的管理者，在公司的起步阶段，如何选对人很重要。但是初次创业的人在这方面的经验并不丰富，所付出的代价又可能会很大。那么，怎样才能更好地识人用人呢？我有几点经验分享给大家。但是这些只是基于我的个人认识，不一定适合每个人，所以仅作为人力资源招聘工作中的参考。

一、选员工不能用的十种人

1. 惰于思考、不思进取的人

不爱动脑筋的员工没有太大的发展前景，今天看到他是什么样子，一年后、十年后他可能还会是什么样子。现在有一句比较流行的话叫“活在当下”。本意上这句话是告诉人们，要珍惜当下的时间，珍惜当下的亲人、爱人、朋友、同事，以及正视当下所遭遇的事，努力做好自己，不辜负生命。但是很多人理解错了，将其理解成了要在当下好好享乐，不然就是浪费青春和生命。于是，就有一些人习惯了“今朝有酒今朝醉”，活成了“今日不问明日事”的状态：在工作中体现为不思考、不努力、得过且过，既不追求事业的进步，更不在意自身的成长，每天在浑浑噩噩中度过。这样的人，是绝对不能招进创业团队的。

这样的人对自己的工作不下功夫去钻研，对团队的事也不太热心，最多是领导让干什么就干什么，干成什么样也不关心，只要能交差就行。一个创业团队如果有了这样的人，最终会形成“伤兵效应”，破坏团队风气，消磨团队的战斗意志。

2. 沉迷思考、不做实事的人

惰于思考、不思进取的人不能留在创业团队中，同样，只思考不做事的人也不能留在创业团队。

我曾经带过一个销售岗位的员工，在工作过程中，他经常和我讨论一项工作可以这样做，可以那样做。刚开始我还觉得他思考能力很强，就放手让他去做，并且给他资源支持。但是后来，我发现他虽然有很多想法，可是几个月过去了也没有任何成效，一个单子都没有签下来。

所谓人才，不是有很多想法的人，而是可以将一件又一件事情办成的人。光有想法，没有成效，只能是“思想上的巨人，行动上的矮子”，除了浪费团队的资源，没有什么其他的作用，甚至有时候还会误导团队的发展策略和方向，影响团队的价值观。沉迷思考、不做实事的人，创业团队不能要。

3. 一心想挣大钱的人

挣钱这件事，每个人都有自己的想法，人人都想挣大钱。大多数人也明白，不积跬步无以至千里，不汇滴水无以成江河，要做大事必须先从做好一件一件的小事开始，要挣大钱必须先从一点一点的小钱开始累积。

但是有的人好高骛远，小事不愿做，大事轮不到他做，于是便把时间和精力放在了空想和无所事事上面，每天都在谈理想、谈规划，却始终在原地踏步不动。这样的人，语言上就像一个战略家，往往还给人一种错觉，仿佛他起点很高、格局很高、眼界很高，但是实际上，只是个绣花枕头，中看不中用。在具体做事时，由于看不到，或者选择性地无视具体的操作过程，他一遇到困难就会习惯性地推卸责任，在遇到挫折时，也往往是最先逃避的那个人，往往会从一个战略理论家变成一个批评家，影响团队的士气。这样的人，创业团队不能要。

4. 过于小气、斤斤计较的人

一个创业团队，要做成事，需要全体成员的全力付出。在此过程中，即便是一个员工级别的团队成员，也需要认同团队的价值观，相信团队的长远目标能够达成，从而富有激情地、全身心地投入工作。

但是一个过于小气、斤斤计较的人，每天都在计算自己的付出与收获是不是成正比，将自己的所得与那些成功的大公司的同类员工进行比较，这样又怎么可能与团队团结一致、齐心协力，当然更不可能静下心来与团队荣辱与共。

我曾经遇到这样一个能力很不错的员工。由于当时公司项目较多，在他进公司三个月之后，我就让他担任了项目主管。在他担任项目主管的一个星期之后，他就到我的办公室提出要求加薪，理由是：他这样的岗位在阿里巴巴是多少钱，在腾讯是多少钱，所以他也应该拿多少钱。我很耐心地告诉他，在不同的公司，即便岗位相同，每个人的产出价值也是不同的。后来，我在物色了合适的接班人选之后，将他辞退了，因为我没有信心和勇气将重要的工作交给他，同时也担心在他的带动下，所有的员工都要求薪酬待遇与大公司看齐。他走的时候，我真心祝愿他能到他心目中的大公司担任相同的岗位并能拿到理想的薪酬。

5. 思想偏激的人

思想偏激的人，容易走极端，也容易情绪化，团队中如果有这样的人存在，会增加管理人员的管理成本，降低管理效率，更会影响团队的气氛，甚至影响团队文化的塑造。思想偏激的人，一遇到挫折，就认为是社会不公导致的，一遇到批评，就认为上级在整他。这样的人在团队中，如何搞好团结？如何营造团队氛围？

有时候，要辨别一个人的思想偏激与否，可以使用一些简单的谈话技巧进行判断，比如可以询问他对当下社会热点事件的看法，或者询问他印象中自己遭遇的挫折以及对此的看法等，这些都可以显露出他的思维方式和格局。

6. 资质一般却自视过高的人

这个世界不缺少天才，更不缺少把自己视为天才的人。一个创业团队，需要的是踏踏实实做事的人，而不是整天梦想着改变世界的人。乔布斯做苹果手机的时候只是想做一部好用的手机，虽然这部手机后来改变了世界，那也是别人给他的评价，他的初衷并不是因为想改变世界才做那一部手机。

但我们周围有太多总想改变世界，却又不知道如何去做的人。做好事情是因，改变世界是果，有因才有果，而不能本末倒置。做事是这样的，创立一个公司也是这样的，作为一个创业团队的成员也必须是这样的。

但资质一般的人，往往因为不能正确认识自己，才会自视过高。这样的员工进入创业团队，就会经常有生不逢时的感慨，既不能安心工作，也不能踏实做事，往往这山望着那山高，身在曹营心在汉。资质一般却自视过高的人，创业团队不能要。

7. 贪图安逸的人

我曾经遇到过这样一个员工。在日常工作中，从来都是上级安排什么就做什么，做出来的效果也总要比其他人的差一些。大家开会讨论时也听不到他的声音，他也从来不加班。我出于激励他的目的和他谈话，他告诉我说："其实，我这个人没有什么追求，我只要有饭吃，平时和朋友们喝点小酒就已经很满足了。"听到他的话，我就直接告诉他，他不适合我们这个创业团队，建议他去寻找更合适的岗位。

因为他的这两句话告诉了我两个信息：一是他对自己没有什么要求，二是他的兴趣爱好决定他的发展空间。这样的员工在资源紧张的创业团队中，没有培养价值，也带不来个人成长的边际效应，还不如尽快调整以提高公司资源的投入产出比。

8. 不守时的人

一个人的时间观念至少反映出这个人的两个特质，一是统筹能力，二是责任心。

不守时的人，通常统筹能力很差。他并不是不知道遵守时间观念是一个人在社会生存最基本的要求，只是每次事到临头，总会发现更多相关事情还没处理好（或者由于缺少预见性总会出意外），从而耽误了正常的日程安排。

不守时的人，通常责任心也不高。有责任心的人在一两次出问题后会反思自己的做事方式，进而加以改进调整。但是经常不守时的人没有对自己的行为进行过反思和调整，他很可能已经养成了不守时和不尊重他人的习惯。我在招聘时，但凡约定了面试时间而没有按时到的人，一般都不做考虑，便是基于这个原因。

9. 爱睡懒觉的人

一个人如果不能控制自己的睡眠，何以控制自己的人生？从我读大学开始到工作的这些年，我发现一个规律：排除能力等因素的影响，每天按时早起的人，在一定的年龄段之后，其成就要高于喜欢睡懒觉的人。

虽然这个结论带有一定的主观性，但是我经营公司以来，接触过很多年轻人，有的已经不在我的公司，有的还在，我发现能够按时到公司上班的年轻人在他们的职业生涯和日常生活中，更容易表现出积极向上、朝气蓬勃的精神。我相信积极的态度能够给他们带来更多的好运。

通过我的观察，我也发现，不喜欢睡懒觉的年轻人，在面对问题时，更倾向于选择去解决问题而不去逃避问题；在面对压力时，他们更容易去接受挑战而不去抱怨；在面对挫折时，他们的心态更加开放，也更容易摆脱负面情绪。

10. 不学习的人

我创业的时候，在公司设立了一个员工图书室，既作为企业文化的一部分，也作为给予员工福利的一种方式。员工需要买的书，只要是与工作相关的，可以不用自己掏钱，只需要提交书单给行政部管理图书室的同事即可，由公司出钱购买，在提出需求的员工看完之后，就交回图书馆，其他同事也可以借阅。

图书室有一个图书借阅管理系统，我经常会去看一些统计数据。我发现爱看书的员工，在三五年之后，其职业发展道路呈现明显的上升趋势，而很少看书的员工，无论是否离职，大多数都在平平淡淡、按部就班地做一个稳定的上班族。

一个创业公司，必须有朝气，必须有学习的氛围，必须有敢于争先的文化基因，这就需要团队成员是一群积极向上、乐于学习、提高自己的人。

二、选干部不能用的十种人

一个团队有了员工队伍，或早或晚都要建立自己的干部队伍。干部从哪里来？要么外聘，要么从员工中提拔。无论通过哪一种方式建立自己的干部队伍，在选择干部时，创业者都要注意，有十种人要慎用。

1. 野心与能力不匹配的人

每个人在每个阶段都有自己的目标，努力去实现这些目标是人才发展的必经之路。任何大目标都是由一个一个小目标组成的，很多人能够脚踏实地地按照自己的规划实现自己的一个又一个阶段性目标，成就精彩的人生。

但是也有的人，光有大目标，却没有规划好自己的小目标，也没有修炼出实现大目标所需要的能力。时间一长，人就会变得急躁，甚至为了实现自己的目标，不择手段，丧失基本的原则，不管是合理的还是不合理的，合法的还是不合法的，什么事都敢做。这样的人是很危险的，尤其是当诱惑来临的时候，他们往往会铤而走险，不惜做出违背基本社会道德甚至法律的事。这样的人在某些时候，就会成为引爆公司危机的导火索。

2. 做事没有全面思维的人

任何一个创业团队的干部，必须有较大的成长空间。这种成长空间除了来自其教育背景、社会阅历以及自身的努力外，还来自其思维模式。一个人的思维模式，在很大程度上决定了这个人的眼界和心胸，也决定了这个人做人、做事的格局。相较于教育背景、社会阅历以及自身的努力，思维模式对其发展的影响更大一些。因为思维模式决定了他参与社会活动时所采取的态度和方式，也决定了他积累自身能力和资源的快慢。

作为一个干部，必须有全面的思维能力，而不是小肚鸡肠地站在自己的角度，用狭窄的视角看待周围的事物。眼界决定了一个人人生的宽度，具备全面思维能力的干部才能够做好团队内部的协调配合工作，才能全面分析、解决问题，才能更好地团结周围的资源为团队的目标服务。

3. 不守信用的人

我曾经遇到过一个干部，在平常的工作中比较努力，表现也很积极主动。他进公司半年的时候，因为家里新买的房子要装修，找我私人借了一点钱。钱不多，原本说好半年以后还给我。可是一年过去了，两年多过去了，他却始终没有还给我。这中间有几次，公司还发了较大的红包。按道理说，他的收入水平是可以按时兑现还款诺言的。虽然他一直没还，但因为他是公司中层干部，而且钱也不多，我也就没有主动问过他。到第三年的时候，公司的发展遇到了一些危机，我当时和干部们商量，希望能延发大家的奖金，以便公司度过危机。没想到，当时最先跳出来反对的就是这位年轻人，而且是毫无征兆地向我发难的，认为我亏欠了他，公司也亏欠了他，并细数公司亏欠他的种种事由，最后到了不发奖金就不来上班的地步。

这件事发生之后，我仔细反省自己管理过程中的问题，我自身的工作没有做好是主要原因。但是对他这个个体，我认为忽略了对他人品的仔细考量。在他借钱不还的这件事情上，我就应该警醒。后来他辞职走人的时候才把借款还掉，但还是从他的补偿金里面扣除的。

所以，后来我在选拔干部的时候，加了一条标准：不守信用的人不能提拔。有的人很善于伪装自己，但是在面对利益的时候所做的取舍，往往能暴露出一个人的本性。不守信用的人，通常都是立足于自己的小算盘，不愿意为他人承担责任。

4. 爱走偏门的人

公司在经营过程中，可能会遇到一些困难，需要采取一些特殊的手段解决，其中有些手段虽然不违法，但很可能属于我们日常所说的偏门。在一个团队里，有一两个有能力采用这种方式解决问题的团队成员，在某些时候能够给团队带来正面的效益，但是也要分清楚有能力走偏门和喜欢走偏门是两回事。

作为公司的管理者，要合理使用有这种才能的干部，但是不能让他养成喜欢走偏门的习惯。偏门走惯了，就会忘记正门怎么走，如果沉溺于走偏门所带来的心跳感觉中，那就很不正常了。公司选拔干部时，可以选用有能力走偏门的人，但不能选用喜欢走偏门的人。因为一个公司要长远发展，必须保证经营管理过程中的合理、合法、合规，夜路走多了难免碰到“鬼”，河边走多了难免要湿鞋，喜欢走偏门的人万一不慎“掉进了水里”，对公司的影响也许就是致命的。

5. 上恭下倨的人

任何一个小团队就是一个小社会，创业团队也不例外。如何判别你的干部是有真材实料的还是只在你的面前“表现得”有料，这是非常考验一个公司管理者的鉴别能力的。更具体地说，你选拔的干部是不是一个表里如一的人?

一个干部是不是表里如一，可以通过一个小细节来观察，那就是他在老板面前和在员工面前所表现出来的人格是不是一致的。我看到过不少的干部，在老板面前热情周到，在下属面前冷若冰霜。提拔这样的人当干部时要非常慎重。上恭下倨的人，通常有多重人格特质，是善于表演和伪装的，如果没有过人的天赋、能力或者资源，这种人还是少用为好，避免养虎为患。

6. 不讲礼貌的人

一个干部必须有素质，这种素质在带领团队、会见客户、协调合作伙伴时，都会在不经意之间表现出来。没有人会愿意和一个粗鲁的人合作共事，也没有人愿意接受这种人的领导。

有时候干部的形象就是公司的形象。当这个人代表公司对外工作的时候，也没有哪个公司愿意和说话做事粗鲁、没有素质的公司代表合作。

所以选择干部要注意其个人的修养和素质。

7. 自私冷漠的人

我曾经遇到过一个很不错的员工，在做一个项目时，他几乎成了我的左膀右臂。我甚至还让他把办公桌临时搬到我的办公室里以便沟通工作。后来我有意提拔他，便加强了对他的考查。在观察到一个现象后，我就放弃了这个念头。

公司的清洁阿姨每周都会来办公室打扫一下卫生。当打扫到我这里的时候，我通常都要起身挪开椅子方便她拖地，搬开自己的笔记本电脑方便她清理桌子。可是当阿姨打扫到他那里的时候，任凭这位阿姨在他身边转来转去，用很不方便的姿势清理他脚下的地板和桌子，他就像没有看见一样，理都不理。后来我旁敲侧击地询问其他员工对他的看法，大多数同事对他的评价都是恃才傲物、目空一切，很少与其他人来往，即便来往也是居高临下的姿态，在工作中很少听取别人的意见，工作做得好不好全看自己的心情。总的说起来，他就是一个自私冷漠的人。

这样的人当然不能选拔为干部，至少他还需要在性格上磨炼几年。

8. 言行不一的人

如果选用经常当面一套背后一套、言行不一的人当干部，就相当于给自己埋下了定时炸弹，公司管理者须慎重。这个道理很浅显，就不必细说了。

9. 不能听“逆言”的人

经常性地在团队内部开展重要工作的复盘和总结，既可以提高工作质量，又可以培养团队的协作能力，还可以提高团队成员的战斗力。这种复盘和总结的会议，既需要良好的、开放的氛围，也需要坦诚的、积极的沟通。在这个过程中，团队管理者要以开放的心态激发大家的思维，更要有包容的心态反思前期的不足。如果恰好这个团队的管理者是一个不愿意听取不同意见的人，那么结果会怎样呢？

所以，选择干部一定要选择大度的、有气量的、能够听取不同意见的人。这样的人带领的团队自动纠错能力会强很多，团队齐心协力和团结向上的氛围也会强很多。

10. 贪婪的人

过于贪婪的人很容易将自身的权力变成获取个人利益的资本。这样的人对创业团队的负面影响是非常大的，所以选择干部可以选有强烈进取心的人，但不能选过于贪婪的人。

从上面选员工和选干部的各种约束条件也可以看出这样一个差别：选员工，看重的是个人的成长空间、敬业精神以及一些基本的道德品质，其“能力”占主要因素；而选干部，更看重的是其思维方式、道德品质以及更高层次的个人素质，其“品行”占主要因素。

三、认识人性的一个小技巧

人性是非常复杂的。人不像一张卡片，放眼望去，有什么内容都可以尽收眼底。在职场中有很多人是善于伪装的，那么如何识别一个人的本性呢？我有一个小技巧，就是观察他的家人和配偶。

每年，我都会让公司组织几次聚会，并要求所有的员工带着配偶或者男（女）朋友参加。通过集体活动营造宽松的氛围，让每个人在这种氛围中尽量展示自己本真的一面。而这个时候是观察其真实一面的好机会。

一方面，一个人的配偶或者男（女）朋友所表现出来的人生观、价值观就是这个干部或者员工本人真实性格的折射，至少可以说有50%的重合率。中国古话说："不是一家人，不进一家门。"通常情况下，一个家庭中的夫妻两人，价值观和人生观一定是相似的，至少也是相互影响的。其配偶或者男（女）朋友所表现出来的性格特征，一定会在另一半身上有印记，即便是某种不好的印记被刻意隐藏起来，但在不经意间，也会在其配偶或者男（女）朋友身上表现出来，比如贪婪、粗鲁、爱慕虚荣、言行不一等。

另一方面，观察一个人对另一半的态度，也可以显露出这个人的真实性格，比如霸道、无礼、喜欢推卸责任、缺少责任心等。一个人在面对同事的时候，可能会隐藏自己的真实性格，但在面对自己的家人时就会卸下防备，表现出本来的面目。

这个方法只是我的个人经验，不一定适用于每个人。毕竟这个方法需要足够的社会阅历作为沉淀，即便有了足够的沉淀，也可能因为未知的、复杂的因素而影响判断的准确性，所以仅供参考！

第5章

经营管理

第一节>>>

杜绝大企业病

所谓大企业病，通常体现为管理层级过多、决策流程冗长、责任落实不到位等几个方面。一个创业型公司，一方面需要公司的管理者有自觉自发的意识，在日常的经营过程中采取合理的管理方法，另一方面更需要设置合理的管理层级，科学规划各种管理流程，以保证流程精简高效，避免浪费时间和资源在公司内部的损耗中。

一、简化管理层级

1. 扁平化管理架构

一个创业型公司的管理结构最好维持在三个层级以内，比如第一层为公司决策层（总经理），第二层为部门管理层（部门经理），第三层为执行层

（员工）。

（1）决策层的工作任务：

对公司重大事项进行决策；

分配各部门工作任务；

面向各部门提供支撑；

对各部门的工作效果进行考核。

（2）部门管理层的工作任务：

落实决策层的各项工作任务；

完成部门职责；

向决策层提出工作建议；

管理部门内部工作；

面向员工提供支撑；

负责与其他部门的沟通与协调；

对部门员工的工作效果进行考核。

（3）执行层的工作任务：

落实部门管理层下达的工作任务；

向部门管理层提出工作建议；

负责与团队成员内部的沟通与协调。

在上述的工作中，有关沟通协调的工作，可以不必严格按照管理层级进行隔离，最好的方式是既有层级间的沟通，又有跨层级的沟通。保持跨层级沟通的存在，对于决策层来说，可以更好地了解一线的情况；对于执行层来说，可以从决策层获得最明确的工作要求，从而让自己的工作更符合公司的整体目标；而对整个公司来说，可以更好地调配资源，做到多快好省，以最少的信息损耗取得最好的工作成果。

当公司内部存在特定的项目，需要组成专项的工作小组进行专项攻关时，可以从各部门抽调人员组成临时的攻关小组。小组的负责人，可以是某个有特长的员工，也可以是某个部门经理，更可以是创业者本人。采取这样的方式，一方面可以将该项工作的责任落实到个人，另一方面也不用打乱现有的管理层级。同时，在此项工作进行的过程中，创业者也可以发现一些业务能力、沟通能力、管理能力比较强的人才，作为后备干部进行考查。能参与这种临时的但是很重要的项目，对于员工和干部而言都是一种激励和肯定，有助于提高他们的工作荣誉感。

2. 管理岗位与业务岗位分离

在日常的人力资源管理过程中，我们经常会遇到两个问题：一是一个业务技能突出的人才，未必适合进入管理岗位，那么该如何给他相应的职位，以肯定他的工作贡献？二是公司的管理岗位有限，在不断有员工快速成长起来的情况下，如何给他们相应的待遇以留住人才，并不断激发他们的积极性？

解决这两个问题最好的办法就是管理岗位和业务岗位分离。

公司的管理岗位层级是相对稳定的，除非遇到公司业务情况发生重大变化，否则一般不应该对其进行频繁的调整，以保持公司内部管理结构的稳定和流程的顺畅。

但是公司的业务岗位，可以根据需要设置很多的层级，以满足员工不断成长而给予相应的待遇的需要。比如技术岗位，可以设置十个甚至更多层级：一级工程师、二级工程师、三级工程师……比如销售岗位，也可以设置多个层级：一级销售经理、二级销售经理、三级销售经理……

业务岗位的各个层级与管理岗位是完全脱钩的。不同业务层级的基本薪酬、绩效薪酬基数、其他福利待遇均不相同，甚至会出现高级业务层级的薪酬待遇高出部门经理甚至公司管理层的情况。

当一个员工业务技能成长起来时，或许其管理能力未必适合进入管理岗位，也有可能其个人兴趣或者性格不适合进入管理岗位，那么公司领导者只要提升他的业务岗位层级即可。

这样的设置可以让业务人员的成长和发展路径，从单一的管理职位升迁的路径中解放出来，从而专注于自己的业务技能，随着技能的提升，在专业线上不断得到升迁，从而获得相应的待遇和回报。

管理和业务岗位层级分离设置，既满足了员工不断成长的需要，又避免了公司的管理层级随着公司的不断成长而变得冗长和繁杂。

二、建立高效的决策流程

1. 多开讨论会，少开汇报会

一个低效的管理体系，通常在一线出现新的信息时，需要逐级汇报说明，为了说明情况，各个层级还要花费大量的时间去准备材料，公司变成了大家常说的“PPT”公司，既耗时又费力，而且信息衰减非常厉害，当决策层做出最终决策时，一线情况已经发生了变化，所做出的决策已经不再适应一线的需求。

创业公司一定要避免此类情况的发生。当市场或者研发的一线出现最新的情况时，一线人员应该第一时间将信息反馈到相关的各个管理层级，各个层级同时获得最新的情报，并及时做出决策，以响应一线的需求。

要做到这一点，就必须让信息能同时到达各个管理层级，而且各个层级能同时参与决策，而不是逐级向上汇报信息，然后又逐级向下传递决策结果。

如何实现这一管理模式？最好的办法就是多开讨论会，少开汇报会。一个创业公司，管理的队伍并不是很庞大的，这是实现这一模式的有利条件。当有最新的一线信息反馈出来时，涉及的管理人员可以主动组织讨论会，请一线人员、本部门人员、相关部门人员以及公司决策层参加。在讨论会上，一线人员进行情况说明，各部门人员参与讨论，公司管理层根据讨论情况和公司的资源情况迅速做出相关决策。决策定下来之后，该落实的部门进行落实，该支撑的部门提供支撑，该需要执行的去落地执行。

这种模式可行的关键在于，公司决策层要给部门的负责人甚至核心的员工可以组织发起这样的讨论会的权力，并形成制度，这也是一种授权。这种授权不是针对某个人的，而是针对某类事件的。这种制度理论上确保了公司团队内的任何一个人，都可以发起从公司决策层到一线员工必须参加的讨论会。要建立这样的制度，就必须得到公司决策层面的支持。

一个创业公司建立这样的一线信息反馈和讨论决策制度，对提高公司的管理效率的作用是显而易见的。当然在实际操作过程中，创业者也将面临两个主要的问题。一是如何提高一线人员主动组织这类讨论会的积极性；二是如何保证讨论会议题的重要性确实是需要全公司参与的。这就需要创业者在日常的管理过程中多积累一些经验，根据公司的实际情况做出判断，并对员工进行引导和控制了。

2. 管理者深入一线，避免信息失真

关于管理者必须深入一线的重要性，在前面的很多章节中都进行过论述。

在这里，仅仅从避免信息失真的角度再次进行论述。

事实上，无论是对于一个销售型公司还是一个产品研发型公司，一线的信息都是繁杂多变的，如果只靠着一线人员的反馈，大量的信息将会被遗失掉，无论一线人员再怎么勤勉地汇报信息，决策层听到的将永远是管理人员和员工希望最高层听到的信息，而他们不希望最高层听到的信息，大多数会消失在他们的层层过滤中。

那么决策者如何获得一手的、原始的信息呢？唯一的办法就是决策层管理者必须深入一线。对于市场前端，决策层要定期走到客户中间去，直接面对客户，听客户怎么说。对于研发前端，决策层要面对面地与研发人员沟通，与上下游的供应链沟通。直接的、面对面的沟通，才是发现问题和机会的最好方法，这样既能提高决策时所获得信息的准确性，也能保证最终决策的科学性。坐在办公室是很难保证创业成功的。

三、强化后端部门的支撑责任

1. 尽量精简后端部门

这样做的目的有四个。

（1）提高效率。部门越少，公司内部需要沟通的节点就会越少，流程所经过的环节就会越少，相应的效率就会越高。而后端部门所面对的通常是周期性的、流程化的、变化不大的日常性工作，只要部门经理经验丰富并能够一职多能，便足以应付日常的工作内容。

（2）避免人浮于事。作为创业公司，后端工作量并不会很大，可以一个人或者几个人完成的工作，就不需要设置一个部门来完成。通过在一个部门内设置不同的岗位，将不同职能的工作整合到一个部门进行管理不仅可以避免人浮于事，还可以实现人力资源的复用。

（3）节省公司资源。一方面可以节省人力资源成本，另一方面也可以节省公司内部的管理成本。

（4）便于落实责任。人越少，部门越精简，越容易将工作责任落实到个人身上，也更便于建立一支精兵强将型的创业队伍。

2. 坚持后端为前端服务，前端为客户服务

谈“将各项责任落实到人”，首先要清楚“责任是什么”。

后端部门往往是公司资源的管理者，比如通常情况下，人力资源部门管人力，财务部门管钱和账，行政部门管车、仓储等物资。因此，很多公司的后端部门往往觉得自己的权力很大，尤其对人、财、物等资源的话语权甚至超过前端部门。这就给这些部门的员工一些错觉，认为自己的工作比前端的工作更重要，甚至可以站在自己部门的角度对前端的工作形成掣肘，这是不对的。后端部门的主要责任不是指导前端部门工作的，更不是拖前端部门后腿的，而是为前端部门服务的。

我曾见过一个公司，这个公司的财务部经理很有特点。所有前端部门包括销售部、技术部、工程部的工作，无论是经过了公司管理层同意的，还是前端部门经理在自己权限内做出的决定，但凡是需要财务部门签字或者付款报销的，到了她这里，她就会说：“我站在公司的角度考虑，这件事不应该这样做，应该那样做。”当办事人提出“这是会议上讨论过的，公司领导也同意了

的”时，她通常还会说：“公司领导不一定懂财务，我这样要求也是对公司领导负责。”最后这个公司形成了这样一个局面：总经理决定的事情，财务部可以不执行；总经理批准的事情，财务部可以不执行；前端部门经理要求配合的事情，财务部可以不执行……公司上下所有事务，这个财务部经理都具有一票否决权。刚开始出现分歧的时候，大家还愿意一起到总经理那里评理，请总经理再次当面拍板，后来大家也厌烦了，评理都不想去了，所有需要财务支撑的事情，除非总经理亲自安排财务部配合，否则就摆着吧。这个公司最终面临的结果就是连续两年没有盈利！

公司管理层用人不当，规矩没定好，最终害人害己。一个创业公司，一定要避免这样的情况发生，要在公司内部明确：后端为前端服务，前端为客户服务。后端部门是为前端部门提供资源支撑的，而不是指导前端部门工作的。如果后端部门携粮草以令将士，岂非本末倒置？创业公司在拟定后端部门的工作职责时，一定要注意强调后端部门的支撑职能，至少要将支撑职能与管理职能摆在同等重要的位置。

第二节>>>

干离钱近的活

在很多创业故事中，我们往往会听到某一个创业者，犹如神助般地通过某个产品或者服务满足了人们某项需求、改变了某种商业模式、颠覆了某个商业生态，从而创造了一个不朽的传奇。这些故事都是真的。但是在这些故事发生之前，这些创业者还做了一件不算是传奇的事情，那就是让他们的公司在创业初期存活下来。

任何伟大的事情，都从迈出第一步开始。没有谁一开始就在做伟大的事。只有做好了刚开始的一件件小事，稳稳地走好刚开始的每一步，才会有后面登顶的时刻。

作为一个创业者，首先要做好的第一件事，就是要让你的公司存活下来。在我刚开始创业的时候，贵阳朗玛信息董事长王伟先生给了我一个忠告："你要创业，就一定要干离钱近的活。"他的这句话成为我创业过程中始终谨记的金玉良言。在后来我自己的创业过程中，我对这句话有了更深的理解，现在我将这句话转送给各位创业者。

一、梦想基于利润

每个创业者都是胸怀梦想的人，但是每个梦想的实现都离不开现实的支撑。在我的创业过程中，虽然我心怀梦想，但不断看见的是捉襟见“愁”，是暴雨将至，每天一睁开眼心中想的第一件事就是公司的运营情况，其中相当大的一部分都与钱有关：市场费用支出、研发费用支出、人工成本支出、办公费用支出……一个创业者不仅要心怀梦想，更要心怀“计算器”。

创业者在创业初期，无论起步的资金从哪里来，也无论有多少资金，都必须时时刻刻居安思危，在做好资金使用计划的同时，还要确保公司经营的现金流和利润率稳健。这就像一个池子，无论池子里面刚开始有多少水，都必须保证池子中不断有水流进来，到了一定的阶段还要确保流进来的要多于流出去的，这样池子里的水才会越来越多。对此我有两点建议。

1. 要有稳定的现金流收入

无论创业者选择哪一个创业方向，也无论所采用或者创新的商业模式如何高大上，都必须能最终为公司带来稳定的现金流收入。收入从何而来？说白了就是必须有客户为你的产品或者服务买单，光有客户买单还不够，还必须不断地有客户持续买单。

所以创业者在创业时，一定要想清楚，自己公司的产品或者服务在推向市场之后，如何能够不断地找到客户持续买单。这不仅涉及产品或服务本身的特性，还涉及销售产品的渠道和模式。

很多技术出身的创业者比较重视产品或者服务的特性，却往往忽视销售渠道和模式；而很多销售出身的创业者比较重视销售渠道和模式，却容易忽视产品或者服务的特性。这两种都是不可取的。任何一种产品或者服务在开始进入实质性的操作阶段之前，创业者都必须从产品或者服务的研发、生产、销售、回款的各个环节进行详细的推演，将可能会出现问题的环节想清楚，要避免闭门造车，绝不能凭想象做事情，尤其是要对销售阶段的现金流收入情况既做最好的打算，也做最坏的打算，尽量避免黑天鹅事件。

2. 要有明确的盈利模式

在想清楚公司收入可能出现的状况之后，创业者接下来要考虑的就是利润率的问题。只有在公司发展到某个时间点上，利润率转正了，公司才能正常经营下去。

利润率除了涉及上面所讲的收入部分外，还包括成本投入、生产周期、回款账期等要素。

我见过一些创业者，由于对于自己的产品或融资能力过于自信，在公司起步阶段就在人力资源或办公场地等硬性的投入上铺张浪费，过快消耗了公司的资金，最终结果就是要了面子、丢了里子。还有一些创业者，不切实际地延长产品的研发和生产周期，过度消耗了时间和资金，好钢没用在刀刃上，导致公司后期发展举步维艰。也有一些创业者过于乐观地预估了销售回款的账期，最后公司被回款问题拖入深渊。

一个公司盈利能力的强弱，其实就是获取收入能力的强弱以及控制成本能力的强弱。收入和成本之间的差值越大，利润率就越高。创业者必须关注所提供的产品或者服务的盈利能力，必须对产品或者服务的利润率以及盈利时间点做详细的规划，并且严格按照规划执行。该获取收入的时候必须有现金流进来，该控制成本的时候必须尽量减少费用支出。对于意外情况，创业者还必须留出可变通的空间。

盈利能力是关系公司生死存亡的重大事项。任何创业行为，都必须以赚钱为目标，这不是没有情怀，而是尊重商业规则。

二、时刻关注融资计划

一个创业公司要实现快速的成长，通常情况下离不开外部融资。但很多创业者，尤其是初次创业的年轻人在这一方面没有什么经验，有的时候是不知道该怎么去找投资人，有的时候是打算在产品见到市场成效之后再去找投资人以获得较多的谈判筹码。对此，我的建议是能融资就尽量融资，能尽早融资就尽早融资。

一方面，投资人都是最精明的一批人，要打动他们并不容易，尽早接触他们，与他们建立互信关系，只会对融资有促进作用。临时抱佛脚的事情，往往效果不好。

另一方面，投资人在行业内拥有最多的信息资源，对行业发展的认识也有其独特的一面，尽早和他们接触，不仅可以获得很好的建议，还可以通过他们的态度和看法来对创业的产品或者服务进行优化和调整，进而可以提高创业的成功率。

而已经获得外部投资的创业者，也不可以掉以轻心，在一笔钱还没花完之前，就应该考虑怎样去找第二笔钱。越到后期融资越难，尽早未雨绸缪，才能保证“粮草不断”。

三、建立以盈利为目的团队架构

一个创业公司要保证现金流，保证利润率，保证能赚钱，不仅要看产品或者服务创造现金流和利润的能力，还要求创业者在组建团队时，建立以利润为中心的组织结构。但很多创业者基于从很多传统企业学来的经验，建立的往往是以成本为中心的组织架构。所谓以利润为中心，就是要求团队内的每个单元都必须能赚钱；而以成本为中心，却会出现团队内的每个单元盈利目标不明确，花钱却各司其职的状况。

一个创业公司，必须以盈利为目的。每个组成单元的工作职责，必须与公司的盈利计划紧密捆绑在一起，每个单元所获得的回报必须与公司的盈利状况紧密挂钩。

有人会反问，人力资源成本，该如何与利润挂钩呢？

通常情况下，销售部门的人力资源成本很容易与公司的收入或者利润挂钩，也便于建立相应的薪酬体系。但是技术部门和支撑部门的人力资源成本如何与利润挂钩呢？我曾经采取过的方式就是项目小组制的薪酬分配体系。

一个项目小组包括技术人员和销售人员，虽然技术人员和销售人员在业务上隶属于不同的部门，但是均需为项目小组的产品负责。销售人员和技术人员的基本工资按岗定薪之后，绩效工资则与产品的销售收入和利润率挂钩。这基本上有点类似于大公司的事业部制。但是由于小公司不必建立那么大的管理结构，所以成立项目小组是比较好的方式。

一个项目小组主攻一个产品，技术人员负责研发、生产、维护、售前售后服务，而销售人员负责拓展市场、签单、收钱。项目小组成员最终均需要面向客户提供服务，均需要在第一时间响应市场和客户的需求。项目小组成员工作绩效的最终衡量标准就是产品的收入和利润。产品卖得好，大家的收入都高。产品卖得不好，每个人的收入都会受到影响。

当然，这里面有一个问题，就是在产品研发生产初期，还没有推向市场之前，公司要对项目小组成员的绩效工资进行托底。

四、成本投入要与产品价值相匹配

这里所说的成本投入主要是指市场拓展成本和技术研发成本。市场拓展或者研发成本必须与利润挂钩。这里面就涉及一个更深层次的问题，需要创业者在决策时考虑得非常清楚。比如一个产品，如果年销售额是1000万，毛利率为30%，那么应该投入多少费用去研发这个产品？应该投入多少费用去开拓市场？ 市场费用和研发费用的投入，要与产品本身的市场价值相匹配。

我曾经见过一个创业公司，在一个产品上投入的研发费用已经超过了200万元，但是向每个客户每年收取的服务费不超过300元，而且这是一个针对企业客户的产品，要发展一个客户必须进行一对一的走访，市场拓展成本比较高。我很好奇地问这个创业者，这个产品能不能赚钱。他回答我说："我们不看能不能赚钱，我们首先要做大用户规模，有了用户规模，我们就可以做很多其他的事来赚钱。"我又问："那可以做什么事来赚钱呢？"他回答说："目前还没想清楚。"我觉得这个创业者很有情怀，但是没有搞清楚商业的本质是什么。

我并不否定上面这个创业者的想法，但我希望创业者在做一件生意之前，要想清楚怎么去赚钱，更要想清楚准备投入多少钱去赚这个钱。如果投入300万，只能收回来100万，这样的生意，就需要慎重考虑是否可行。

说得更具体一点，就是在做好产品发展路径规划的前提下，创业者不仅要对收入情况有预判，对于成本投入额度也要有预算，并且要尽量保证在某个时点上，收入能够超过成本，而且在那个时点之前，公司的经营不会出现问题。说到底，就是市场或者研发费用的投入要与产品本身的价值相匹配。

五、任何公司离破产只有六个月

有一位商业领袖在做演讲时，曾经说过："任何一个公司离破产只有六个月。"这句话应该包含了很多层意思，包括企业的创新能力、维护市场主导地位的能力以及盈利能力等。

对于大公司来说，其包含的意思是多方位的，但是对于处于起步阶段的创业公司而言，按照我的理解，这其实就是一个简单的算术题。

如果公司破产，要解散员工，那么按照惯例和《劳动法》，公司应该给予员工"n+1"的补偿（n是工作年限），我们取平均值为2，也就是要给每个员工其上年度平均工资3倍的补偿。因为很多企业是先工作后发薪的，因此再加上当月的薪酬，相当于解散时公司需要多付给员工4个月的薪水。再加上两个月的挣扎期，当一个公司的资金只够运营六个月的时候，那么这个公司就已经处在破产的边缘了。

这就是我对那句话简单的算术理解。很多创业者没有这种意识，往往到了最后关头才醒悟过来，而此时公司已经陷入了危机。所以假如你公司账上的资金只够支撑六个月的运营了，那就请着急起来，赶快想办法，解决你的现金流吧。

六、现金流量滚动表

每个公司在向税务部门报税时，都要提供一张现金流量表。我在这里借用这个概念，建议所有的创业者，除了会计做的现金流量表外，还应该给自己再做一张现金流量滚动表（如下表1）。

		2019年												
	编码	类别	1月	2月	3月	4月	5月	6月	7月	8月	9月	10月	11月	12月
收入	A	收入1												
	B	收入2												
成本	C	成本1												
	D	成本2												
资金余额	E	余额	E=A+B−C−D	E=1月余额+A+B−C−D	E=2月余额+A+B−C−D									

如上表所示，根据公司的现有资金状况，结合你的产品销售收入预测和成本投入计划，就可以很清楚地看出来，每个月的资金余额情况以及哪一个月的资金会出现问题，哪一个阶段的资金会比较紧张。

创业者可以根据这张表计算出产品研发周期、各阶段的销售渠道拓展规模、各阶段的人力资源配置等数据，并能根据数据显示出来的风险点时间，控制公司的各项成本支出额度以及拟定融资计划。

第三节>>>

“完美”不一定完美

我们将对任何事情追求完美视为一种美德。创业者在“情怀”的包装下，总想做出一个伟大的产品或完成一件伟大的事情，他们往往在潜意识里要求自己做到完美，仿佛做到完美之后，皇天不负苦心人，自己一定会得到相应的回报。还有的创业者甚至有这样一种心态：如果没有做到完美，就如同自己犯了错，一旦创业失败了，自己会因为做得不完美而承担主要责任，因此他们为了避免这种责任，就一定要做到完美。

但是，“完美”和“快”到底哪一个对创业公司更重要呢？先给大家介绍两条著名的法则：

第一条是帕累托法则（又名二八定律）。该法则认为，80%的结果取决于20%的原因。

第二条是收益递减法则。根据该法则，工作完成得越接近完美，为完成剩余工作所需付出的努力就越大，而收益却越小。

创业者如果还在“完美”和“快”之间犹豫，请仔细考虑这两条法则所表述的意义。在我看来，“快”要比“完美”重要得多。

根据帕累托法则，80%的结果取决于20%的原因，那么创业期间，创业者应该把重要的资源放在那重要的20%上面，用做好那20%的部分来争取一个好的结果，剩余的80%只需要达到基本的可交付标准即可，因为那80%可能对结果的影响并不大。

根据收益递减法则，工作完成得越接近完美，为完成剩余工作所需付出的努力就越大。创业期间，公司的资源有限，如果把过多的资源放在不重要的那80%上面，取得的成效只会越来越低。越在不重要的事情上投入资源，对公司的拖累越大，而一个创业公司是经不起多少拖累的。

所以创业者不要追求过于完美，而要追求快。快是一个创业公司的生命力。“天下武功，唯快不破!” 有些人说我要做一个产品，要六个月做出来，但六个月之后市场可能已经变了，哪怕两三个月先把产品做出来，市场还不一定会认。所以说对一个创业公司来说，快速的尝试是非常重要的。

为什么要追求“快”而不是“完美”呢？有以下几个原因。

一、抢占先机的需要

创业本身是将自己的想法转换成外部产品和服务的过程，某种意义上是内心想法的外化。同一个想法，不一定只有一个人想到，要将这个想法变成可见的经济效益，一个很重要的因素就是最快让潜在的客户看到，并愿意付费尝试。快鱼吃慢鱼，这是商业规则。想法再好，如果落到了别人的后面，潜在客户已经使用了同类的产品或者服务，这时你要想再把这些客户请回来，所花费的时间和成本会呈倍数增长。

所以，再好的想法也必须抢占先机，走在市场的前面，用最快的方式让潜在客户看到，并形成印象，这样才能得到相对比较多的认可。这种认可是客户实实在在地愿意掏钱购买的欲望。所以说抢占市场先机很重要！

无论产品或服务有多奇特、多先进，也无论它如何颠覆了某种商业模式或者商业生态，只有最快地占领市场才能取得市场优势地位。以快取得市场优势地位也是成本最低的一种方式。我们看到很多类似的例子，越先推出某类新产品的公司，其产品的品牌知晓度就会越高，甚至有的时候，某个品牌的产品成了这一类产品的代名词。而后来的跟进者，要么打价格战，要么打广告战，其夺取市场头把交椅的成本都是相对较高的。

在现在的互联网、物联网时代，客户使用上某个产品之后，由于产品本身所带的黏性，要更换其他产品的门槛就会变高，而客户使用产品的最大诉求就是方便，这种黏性实际上就成了客户“改换门庭”的一个无形的门槛。所以，抢先推出产品，就自带属性地形成了一条“护城河”，后推出的产品想要抢夺这些客户，就得帮客户把“护城河填平”，何其难！

当然这里面也有一个问题，就是我们经常听到的“先驱”和“先烈”的区别。有的公司最先推出某类产品或者服务，成了这个行业的“先驱”，始终引领行业的潮流，而有的公司推出某类产品或者服务，成了这个行业的“先烈”，为行业留下一个失败的样板。通常情况下，成为“先烈”的原因，要么是产品本身不适合客户需求又改进不及时，要么是产品本身的市场规模爆发还没有到时间点，要么是公司本身的经营决策失误。

二、产品验证的需要

快速推出某个产品或者服务，也是创业者本身的想法接受市场检验的需要。创业者光有一个想法是远远不够的，在把这个想法变成实实在在的产品或者服务之后，接受市场的检验，获得了市场的认可，有客户愿意为此花钱、花时间，才是最重要的。

尽早推出产品，可以在以下几个方面对产品进行验证。

1. 客户需求验证

一个想法值不值得花费创业者大量的时间和资金并把它当成事业为之奋斗，光靠创业者的一腔热血是不够的，光凭自我感觉闭门造车也是不够的，只有创业者的想法得到了大量客户的认可才能成大事。这就有一个度需要创业者把握，在成本投入和产品产出之间必须取一个平衡点，要尽量用最小的成本代价，来测试客户对这个产品的接受程度。

如果客户对这个产品是接受的，那么后期创业者就可以加大投入将这个产品做得更好、规模做得更大；如果客户的接受程度很低，创业者就要避免更大的浪费，要么停止，要么尽早做出调整，以避免在错误的道路上越走越远。

如何用最小的成本代价测试客户的真实需求？答案就一个字，快！快速地推出产品、快速地找到天使客户、快速地听取客户的意见，在综合判断之后，再进行相应的调整。过于冗长拖沓地推出产品，如果做出来的东西基本没有人用，那就白白浪费了时间、人力成本、研发费用等资源。如果尽早成功，就尽早大规模投入，如果尽早发现失败，那就尽早转弯。快速试错，是一个创业公司最核心的生存法则。

2. 销售模式验证

任何一个产品或者服务，本身的属性很重要，但是其销售模式也同样重要。生产一个产品出来不是最终的目的，让客户使用并且满意才是最终目的。产品或者服务如何到达客户手里？那就需要建立销售渠道。

销售渠道可以分为自销、直销、代销、分销和电销等。无论选用哪一种销售模式，都涉及销售渠道结构的建立、销售队伍的建立、销售利润的分配等方面。在产品或者服务投放市场的初始阶段，这些销售要素都是创业者及其团队凭借自己的经验和知识构建起来的，在实际的运营过程中效果如何还需要经过实践的检验，甚至在销售过程中，公司还需要建立自己独特的销售模式。

产品或者服务销售模式的最终确立，光凭大脑的想象是不够的，创业者必须在实践中不断地进行摸索和调整。公司作为产品的创造者、服务的提供者，当然希望自己的产品能够得到广大客户的认可，也希望销售模式能够对产品的推广起到积极的作用。但是，作为客户的另一端，以及处于中间位置的经销商们，也有其自身利益的追求。要实现公司、渠道、客户三方利益的平衡，要让各方都得到满意的结果，就必然存在一个三方博弈的过程。

这个博弈过程需要的各种参考因素只有在实践中才会真正显现出来，公司的决策者只有掌握了市场各方面反馈回来的信息，才能对市场的真实情况有一个全面的了解。这种了解将会让创业者发现实际情况与原本自己脑海里所想象的东西存在或多或少的差异。创业者需要对最初的想法和计划进行调整，让公司的销售体系更加具有活力。

对销售模式的验证是非常重要的，因为销售能力决定着一个公司的生存能力。

3. 运营成本验证

在产品或者服务的生产、研发阶段需要投入成本，在销售阶段也需要投入成本。在产品或者服务投放之初，创业者对产品的成本投入额度，往往会有一个自己的理想值，公司的成本预算、资金周转计划、现金流的收入和支出计划甚至融资计划，都是根据这个理想值来进行测算的。但是这个理想值是否符合实际情况呢？

这个世界唯一不变的就是变化。在公司的经营过程中，计划永远赶不上变化。因为意外情况太多了，尤其是在花钱这件事上。所以，尽早推出产品、尽快验证客户需求和销售模式的同时，还对公司运营成本计划进行验证。这种验证，可以提醒创业者尽早对公司的资金情况做出更加符合实际情况的预测，进而提前做好下一步的打算，并采取相应的措施，确保公司的正常运营。

三、资源配置的需要

1. 人才配置

任何创业公司在起步阶段，在人才的配置上总是会出现这样那样的短板。一方面是公司规模小，在开始阶段很难找到合适的人才，部分人员的个人能力并不一定能完全满足要求，而想要的人才未必愿意进入公司。另一方面是各岗位人员的配置数量难以把握，有的岗位人多了会人浮于事，人少了又会造成员工疲于奔命。最后一方面是各岗位的薪酬待遇标准在刚开始的时候设置得不一定非常合理，标准过高会增加公司的人力资源成本，过低又会降低劳动生产率。

这些问题都需要公司在快速将产品推向市场的过程中，进行不断的调整优化，该增的增，该减的减，该补充的补充，以尽量使公司的人力资源发挥最大的效力。

2. 组织机构调整

在公司的起步阶段，组织机构通常设置得比较简单，随着业务的推进、新的工作内容的增加，以及公司财务处理、风险控制流程的需要，创业者需要对公司的组织结构进行调整。

而这些调整都必须是在公司的产品推向市场的过程中，根据需要或者出现的问题同步进行的，以使公司的组织结构快速适应公司发展的需要，产生推动公司前进的动力。

四、简单也是美

在追求“快”的过程中，创业者需要在很多维度上找到平衡点。比如产品或者服务的质量问题，这是一个硬性的指标，必须做到很好，至少要达到国家规定的标准。单纯求快而忽视产品质量是绝对不对的。但是对于产品或者服务的功能，又如何在“快”和“完美”之间找到平衡点呢？以下两点可能会帮助创业者找到这个平衡点。

1. 突出一个点，更容易吸引客户

产品或者服务的功能，切忌追求大而全。任何一个产品，在推向市场的初始阶段，只需要解决客户的一个痛点或者突出一个亮点，能够打动客户就足

够了。

很多创业者具备很好的思维能力，也具有丰富的想象力，这是好事，但是如果不能控制好自己想象力，不能适可而止，一心希望把很多的想法实现在同一个产品上，那就只会导致两个结果：要么使产品失去特点；要么使客户不知道产品到底是干吗的。

解决很多痛点的万金油型产品是不存在的，因为要么研发难度大或者成本太高而没有生产出来，要么客户搞不懂是什么东西而拒绝购买从而消失掉。

任何产品只突出一个核心点，反而更容易吸引客户。那么那些辅助的、很花哨的功能该怎么办？并不是不做，而要在后期慢慢增加。这样既降低了产品初期推向市场的难度，又可以在后期不断给现有客户增加产品的附加价值，提升客户的获得感。

2. 客户不是专家

其实，大部分客户从来不是专家，他们并不一定很清楚某个产品有一个核心功能和有三个核心功能到底有多少不同，他们所关心的只是对他们有用的那个功能。

那么创业者在做产品时，就没有必要追求大而全，而应该紧紧抓住能够解决用户核心痛点的那个功能，将其做深、做透、做到与众不同，让这个与众不同成为打动客户的核心卖点，让客户买单。唯有如此，公司的长期健康发展也才有了基础。

有的时候，简单也是美！

第四节>>>

产品与定位

创业者在创立自己的公司时，都会对自己的公司有一个基础定位，其中一个定位就是本公司面向消费者要提供何种产品或服务。公司提供何种产品或服务，决定了公司赚钱的模式。在我看来，公司通常有三种赚钱模式：通过生产实物产品赚钱，通过提供服务赚钱，通过代理销售其他公司产品赚钱。通过生产实物产品赚钱，其核心是要设计好产品的营销模式；通过提供服务赚钱，核心是建立发现目标客户的销售体系；通过代理销售其他公司的产品赚钱，核心是建立恰当的销售渠道。以上三种赚钱模式，无论选用哪一种，核心都是销售体系。

很多创业者在创业时，尤其受当下互联网创业思维的影响，会认为技术是创业的核心要素，从而只关注技术层面的事。这种想法在公司的起步阶段并没有错，但是如果一直抱着这样的思路就不对了。

一、让客户买单的四个核心问题

技术和市场通常是一个初创公司立足的两个根本，在开始的阶段，有必要通过技术确立自身的竞争优势，但是到公司需要赚钱的时候，市场所占的因素要多得多。技术永远是重点，但在这个时候，怎样才能有人买单才是核心。如何让人买单？公司要解决四个问题。

1. 卖什么

卖什么就是指公司主要的产品是什么，满足了客户什么样的需求。

创业最重要的因素不是概念，不是理念，不是人脉，不是融资，是什么呢？是需求。如果能找到一个很多人都用得到，但是市场上还没有产品能满足的需求，那么创业就成功了一大半。

如果创业是做一个没有人需要的东西，那么再豪华的创业阵容、再多的钱、再怎么做，也是没用的。创业的所有核心是需求。如果创业者总是在问未来的技术方向在哪，创业哪个方向好，那我想这个时候创业者考虑的是技术、概念等，而不是需求。

古人对创业有一个精彩的描述叫做买卖，老祖宗不知道“创业”这个词，他们将其称为“做买卖”。王守义先做出一个调料叫十三香，家家户户都用得着。他先是挑着担子卖，后来越来越多人帮着他卖，十三香也变成了中国人家家户户厨房里都要用的调味品。这段经历的背后就三个字——做买卖：做出一种有人愿意买的产品，找到一种方法，将其源源不断地卖出去，这就是创业。

很多创业者今天研究竞争对手，明天研究趋势，最后发现把做买卖给忽略了。创业者凡是创业不顺的时候都可以想想这三个字，去看看产品，回头想想产品所满足的需求是什么，这个需求是不是刚性的。

2. 谁来卖

有了好的产品，还必须有人来卖。谁来卖？是自己组建销售队伍，还是寻找销售代理？是自己开门店，还是寻求他人门店加盟？

找到卖的人之后，利润如何分配？自建销售队伍要如何合理分配销售提成，寻找销售代理要如何确定批零差价、促销政策、奖励政策？如何防范跨区域串货？如何保证零售价的统一……

这涉及建立整个销售体系方方面面的问题。一个完整的销售体系至少包括销售计划、销售组织管理、销售队伍管理、促销活动管理、营销网络管理、销售物流管理、营销控制等内容。关于这些方面的内容，有很多专业的书籍做了很全面的论述，这里就不再详述了。

3. 谁来买

谁来买的问题实际上就是找到目标客户的问题。找到目标客户分为两个方面，一是如何让产品展现在目标客户面前，二是如何让目标客户知道这个产品。这两个方面看起来是一个方面，但其实是两个维度。第一个维度是站在公司主动的角度。公司要采取哪些措施和办法来发现产品的目标客户，并把产品送到客户面前，让客户产生购买欲望？第二个维度是站在客户主动的角度。公司要采用哪些营销手段，借助哪些营销工具，让有潜在需求的客户发现公司的产品，并主动使用公司的产品？这两个维度是相辅相成的，比如第一个维度包含建立销售队伍等工作，第二个维度包含广告投放等方面。

营销模式的变化和创新通常是随着时代的发展而不断进步的。比如原来讲

“酒香不怕巷子深”，现在讲“酒香也怕巷子深”。随着市场上产品的种类越来越丰富，产品信息很容易被淹没在数以亿万计的各种信息中，再好的产品想要脱颖而出也需要“吆喝”。

在当前互联网营销思维的影响下，“谁来买”也创造了一些新的方法，如“病毒式传播营销”，通过对产品销售利润的重新分配、销售工具的创新，让产品的使用者变成产品的宣传者和销售者。

这些方法都需要创业者结合自己产品的形态和特征，进行再创造和创新，以便让更多的人购买自己的产品。

4、用得好

用得好包括两个方面：产品质量和售后服务。再好的产品、再好的创意，在用户买单的那一刻，所交付出去的东西都必须是质量完好的。产品质量是一个公司的生命线。如果产品质量不过硬，发展一个客户就是砸一次自己的牌子，这样的公司绝对是活不长久的。

任何产品在客户的使用过程中，都会出现一定比例的问题，这就需要建立良好的售后服务体系，在产品出现问题、客户出现不满的时候，要让客户第一时间找到售后渠道，要第一时间给客户解决问题，这样才能树立公司良好的形象，为公司长远发展打下基础。

一个公司解决了这四个方面的问题，才算建立了一个完整的营销体系。

二、不要跟风

一个创业公司要正常存活，除了要解决让客户买单的四个问题外，还需要想清楚一个问题：如何给自己定位。在当下的创业氛围下，“风口”成为很多创业者津津乐道的一个词。但我要说的是，小公司创业最好不要跟风，除非创业者本身已经具备极强的、极快速的组织能力和融资能力。初次创业的人不要轻易跟风，主要有以下四方面的原因。

1. 风口时间窗口短

通常情况下，初创小公司的实力都不是很强的，而所谓的风口，往往具有垄断性且时间窗口很短，如果公司不具备先发优势，当风口起来时再去追逐，那么等公司做好所有准备，包括组织结构的准备、人才队伍的准备、产品研发的准备、销售队伍的准备等时，可能时间窗口已经关闭，最后的结果就是浪费了宝贵的资源，却分不到半杯羹。

2. 风口上的猪多了也飞不起来

通常情况下，风口起来时，会有大量的、大大小小的公司去追逐风口，各路人马各显神通。可以想象，这个时候的风口会有多拥挤，竞争会有多激烈。此时，作为一个初创小公司，又有多大的胜算能够走到最后呢？虽然说，风口上猪都能飞起来，但是猪多了，又往哪里飞呢？

3. 风口是等出来的

初创小公司应该踏踏实实地从一个市场的小切口切入，慢慢成长的同时，等待风口的来临。而选择切口时，创业者应从一开始就想好公司的商业模式和盈利模式，做到没有外部融资的情况下公司也能存活下去。当风口真正来临时，如果能够占据先发优势，迅速融资，公司就能占据风口的主导地位，有机会成为领头羊。

4. 在风口也要有自己的特点

小公司即便站到风口上了，也必须有自己独特的优势。这些优势可以是深耕某一类客户领域，也可以是具备有特色的技术平台，或者是具有别人不可快速复制的商业模式。有了这些独特的优势，公司一方面具备了独特的竞争优势，另一方面也更容易拿到外部投资。

所以创业者，尤其是实力不是很强的年轻创业者，一定要能忍受寂寞，学会拒绝诱惑，不要看见外部有什么风口，就忍不住要去跟，妄想可以借此一步登天，创造神话。创业者一定要有“钉钉子”的精神，聚焦自己的最强项，不忘初心，踏踏实实地做好当下正在做的事情。把当下的事情做好，把当下的买卖做好，并且赚到钱，这才是一个生意人该有的觉悟。

知道不该做什么比知道该做什么更难；控制一个欲望比满足一千个欲望更难；有而不为比求之不得更难。